T0220434

SpringerWienNewYork

Springers Lehrbücher
der Informatik

Herausgegeben von
o. Univ.-Prof. Dr.-Ing. Gerhard-Helge Schildt
Technische Universität Wien

SpringerWienNewYork

Wolfgang Kastner
Gerhard-Helge Schildt

Informatik
Aufgaben und Lösungen

Dritte, überarbeitete
Auflage

Begleitbuch zu
Blieberger et al.: Informatik

SpringerWienNewYork

Ao. Univ.-Prof. Dr. Wolfgang Kastner
Institut für Rechnergestützte Automation
Arbeitsgruppe Automatisierungssysteme
Technische Universität Wien, Österreich
e-mail: k@auto.tuwien.ac.at

o. Univ.-Prof. Dr.-Ing. Dipl.-Ing. und Ing. (grad.) Gerhard-Helge Schildt
Institut für Rechnergestützte Automation
Arbeitsgruppe Automatisierungssysteme
Technische Universität Wien, Österreich
e-mail: schi@auto.tuwien.ac.at

Das Werk ist urheberrechtlich geschützt.
Die dadurch begründeten Rechte, insbesondere die der Übersetzung, des Nachdruckes, der Entnahme von Abbildungen, der Funksendungen, der Wiedergabe auf photomechanischem oder ähnlichem Wege und der Speicherung in Datenverarbeitungsanlagen, bleiben, auch bei nur auszugsweiser Verwertung, vorbehalten.

© 1992, 2000 und 2005 Springer-Verlag/Wien
Printed in Austria

SpringerWienNewYork ist ein Unternehmen
von Springer Science + Business Media
springer.at

Die Wiedergabe von Gebrauchsnamen, Handelsnamen, Warenbezeichnungen usw. in diesem Buch berechtigt auch ohne besondere Kennzeichnung nicht zu der Annahme, dass solche Namen im Sinne der Warenzeichen- und Markenschutz-Gesetzgebung als frei zu betrachten wären und daher von jedermann benutzt werden dürfen.

Produkthaftung: Sämtliche Angaben in diesem Fachbuch/wissenschaftlichen Werk erfolgen trotz sorgfältiger Bearbeitung und Kontrolle ohne Gewähr. Eine Haftung der Autoren oder des Verlages aus dem Inhalt dieses Werkes ist ausgeschlossen.

Satz: Reproduktionsfertige Vorlage der Autoren
Druck und Bindung: Grasl Druck & Neue Medien, 2540 Bad Vöslau, Österreich

Gedruckt auf säurefreiem, chlorfrei gebleichtem Papier – TCF
SPIN: 10990773

Mit 5 Abbildungen

Bibliografische Information Der Deutschen Bibliothek
Die Deutsche Bibliothek verzeichnet diese Publikation in der Deutschen Nationalbibliografie; detaillierte bibliografische Daten sind im Internet über <http://dnb.ddb.de> abrufbar.

ISSN 0938-9504
ISBN 3-211-21136-5 SpringerWienNewYork
ISBN 3-211-82861-3 2. Aufl. SpringerWienNewYork

Vorwort zur ersten Auflage

Als die erste Auflage des Buches „Informatik" vor zwei Jahren erschien, waren Unsicherheiten hinsichtlich der Akzeptanz dieses Buches vorhanden. Mittlerweile ist die erste Auflage vergriffen, und die zweite Auflage erscheint gleichzeitig mit diesem Band. Einer der Kritikpunkte an der ersten Auflage war das Fehlen von Übungsaufgaben am Ende jedes Kapitels. Erst durch die selbständige Erarbeitung von konkreten Beispielen wird es dem Leser möglich, ein tiefes Verständnis der behandelten Materie zu erlangen und sein Verständnis zu überprüfen. Die Aufnahme von Übungsaufgaben in einem sinnvollen Ausmaß würde jedoch den bereits hohen Umfang des Buches weiter erhöhen. Aus diesem Grund entstand der vorliegende Band, der als Ergänzung des Buches „Informatik" zu verstehen ist und der sich im Aufbau und Inhalt streng nach diesem richtet. Die Aufgaben in diesem Band haben sich im Lehr- und Prüfungsbetrieb seit dem Wintersemester 1989/90 an der Technischen Universität Wien bewährt und spiegeln auch die Schwerpunkte, die im Lehrbetrieb gesetzt wurden, wider. An zahlreichen Stellen wurde Wert auf Erklärungen gelegt, welche über die Beschreibungen im Buch „Informatik" hinausgehen und somit eine sinnvolle Ergänzung derselben darstellen.

Bester Dank gebührt in erster Linie Maryam Maftoon Kebriai. Ohne ihre Hilfe bei der Erfassung der Beispiele hätte dieses Buch nicht rechtzeitig fertiggestellt werden können. Dank gebührt auch meinen Kollegen Johann Blieberger, Ulrich Schmid und Stefan Stöckler für die großzügige Überlassung zahlreicher Beispiele, sowie Andreas Dluhy für ausgezeichnete Korrekturarbeiten und zahlreichen Studenten für Korrekturen und Anregungen. Nicht zuletzt möchte ich auch Prof. Gerhard H. Schildt für seine wertvollen Hinweise und für seine Unterstützung dieses Vorhabens danken. Trotz Beteiligung zahlreicher Personen an den Erfassungs- und Korrekturarbeiten trage ich die Verantwortung für sämtliche Fehler in diesem Buch. Ich bin für Hinweise auf Fehler und für sonstige Verbesserungsvorschläge dankbar.

Wien, im August 1992 — Atilla Bezirgan

Vorwort zur zweiten Auflage

Das Lehrbuch „Informatik" aus der Lehrbuchreihe der *Informatik* von den Verfassern *Blieberger*, *Klasek*, *Redlein* und *Schildt* ist inzwischen in der dritten Auflage erschienen und hat sich am Markt sehr gut eingeführt. In der dritten Auflage war es notwendig, die Inhalte des Informatikbuches an neue informatische Entwicklungen anzupassen: So zum Beispiel die Fuzzy-Logik, wie sie von Lotfi A. Zadeh begründet wurde. Weiter haben sich auch neue Entwicklungen auf dem Gebiet der Betriebssysteme ergeben (so zum Beispiel unter anderem die *Threads* und das damit zusammenhängende *Thread-Scheduling*), aber auch so interessante Fachgebiete wie z.B. die informatische Behandlung des elektronischen Geldes oder Fragestellungen der *Authentisierung*. So stehen derzeit *informationsreduzierende Codierungen* im Vordergrund. Dies war der Anlaß, im Zusammenhang mit dem Vorlesungsbuch Aufgaben und zugehörige Lösungen erneut zu präsentieren.

Der vorliegende Band ist in einen Aufgaben- und Lösungsteil gegliedert. Allen angeführten Antworten liegt der Inhalt des begleitenden Lehrbuches „Informatik" zugrunde. Es sei darauf hingewiesen, dass im allgemeinen die angeführten Lösungen nicht als absolut angesehen werden sollten, sondern als Musterlösungen gedacht sind. Vor allem bei Rechenaufgaben gibt es oft andere gleichwertige Lösungswege und Notationen.

Zwischenzeitlich haben wir unter Leitung von Herrn Dr. Blieberger die Abwicklung der erforderlichen Übungstests rechnergestützt automatisiert. Dabei werden die Prüfungen bereits vollautomatisch abgewickelt mit Tests, die vom Studierenden direkt auf einem Computer in vorgegebener Zeit zu bearbeiten sind. Darüber hinaus erfolgt auch eine automatisierte Bewertung der Prüfungsleistung durch den Computer. Zusätzlich finden die Studierenden auf der Homepage des *Instituts für Rechnergestützte Automation* unter *www.auto.tuwien.ac.at* Beispiele für übliche Aufgaben des Übungstests. Ziel des vorliegenden Buches mit Aufgaben und Lösungen ist es, diese Basis zu verbreitern und dem Studierenden genügend Anregungen zu geben, um das erlernte Wissen selbständig zu überprüfen.

Unser besonderer Dank gilt Herrn A. Bezirgan, der die Erstellung der ersten Auflage übernommen hat, sowie für redaktionelle Beiträge durch Frau R. Fochtner. Herr Dr. A. Bezirgan hat sich zwischenzeitlich anderen Aufgaben in der Industrie zugewandt; daher war es jetzt notwendig geworden, die zweite Auflage dieses Begleitbuches mit Aufgaben und Lösungen zu erstellen.

Pressbaum, im Oktober 1999 — Gerhard H. Schildt

Vorwort zur dritten Auflage

Das vorliegende Buch „Informatik – Aufgaben und Lösungen" stellt eine – wie wir meinen – sinnvolle Vertiefung zu dem Lehrbuch „Informatik – Grundlagen" dar, das inzwischen in der 4. Auflage erschienen ist. Die in das Lehrbuch neu aufgenommenen Kapitel haben uns veranlasst, auch zu diesen Abschnitten entsprechende Aufgaben und Lösungen zur Verfügung zu stellen und die bereits bestehende Aufgabensammlung zu überarbeiten und von Grund auf neu mit weiteren Beispielen zu ergänzen.

Abweichend vom bisherigen Konzept, nur Aufgaben und Lösungen anzubieten, wird in dieser Ausgabe vor jedem Abschnitt das Wesentliche des jeweiligen Themengebietes kurz gefasst präsentiert, um so den Studierenden in die Lage zu versetzen, mit diesen unterstützenden Informationen anschließend die Aufgaben zu bearbeiten und erfolgreich Lösungen zu ermitteln. Dadurch ist dieses Buch in sich geschlossen und hat insofern auch einen eigenständigen Lehrbuchcharakter. Teilweise gehen diese grundlegenden Informationen sogar über den Inhalt des zugrunde liegenden Buches „Informatik – Grundlagen" hinaus; das liegt jedoch darin begründet, dass es in naher Zukunft wiederum eine Neuauflage geben wird, worin dann auch weiterführende Informationen aufgenommen werden.

Wenn man ein Buch schreibt (und das noch unter enormem Zeitdruck), so verhält es sich ähnlich wie mit dem Prozess der Softwareentwicklung. Allgemein gilt der Satz: *„Software will never be error free!"*. Daher ist den Verfassern bewusst, dass auch einzelne Fehler in der Darstellung enthalten sein können. Wir bitten daher den geneigten Leser, in diesem Fall solche erkannten Fehler an die Adresse `feedback_gdiue@auto.tuwien.ac.at` mitzuteilen. Wir werden bemüht sein, solche Korrekturen in die folgende Auflage aufzunehmen.

Mödling, im Oktober 2004 — Wolfgang Kastner
Pressbaum, im Oktober 2004 — Gerhard Helge Schildt

Inhaltsverzeichnis

1 Informationstheorie

Nach dem Mathematiker Norbert Wiener (1894–1964), dem Begründer der Kybernetik [22], hat Information eine ähnlich grundlegende Bedeutung wie Materie und Energie. Wesentlich für eine Information ist, dass bestimmte Zeichen von einem *Sender* zu einem *Empfänger* gelangen und von diesem dekodiert werden. Die Voraussetzung dafür ist ein gemeinsamer Zeichenvorrat (Alphabet). Bei der Informationsübertragung kann der (materielle) Träger bzw. (energetische) Überträger ohne weiteres gewechselt werden. Beispielsweise kann dieselbe Information einmal geschrieben und einmal gesprochen sein. Unter dem Begriff *Nachricht* versteht man eine Folge von Zeichen, die zur Übermittlung von Informationen dient.

Die von Claude E. Shannon (1916–2001) entwickelte Informationstheorie [19, 20] versucht, ein Maß für den Informationsgehalt zu bestimmen, wieviel Information eine diskrete Nachricht enthält, die von einem Sender an einen Empfänger übermittelt wird. Die Nachricht besteht, wie eingangs erwähnt, aus einer Zeichenfolge, in der die Zeichen mit bestimmten Wahrscheinlichkeiten auftreten.

Die zwei Eigenschaften, die eine Funktion zur Berechnung des Informationsgehalts nach der Shannon'schen Informationstheorie erfüllen soll, sind:

1. Der Informationsgehalt soll nur von der Wahrscheinlichkeit abhängen, mit der ein Zeichen gesendet wird, und nicht von der Art der Codierung. Häufig gesendete Zeichen sollen einen niedrigen Informationsgehalt haben, selten gesendete einen hohen.
2. Der Informationsgehalt einer aus mehreren (voneinander unabhängigen) Zeichen bestehenden Nachricht soll gleich der Summe der Informationsgehalte der einzelnen Zeichen sein.

Der *Informationsgehalt eines Zeichens* ist definiert als der Logarithmus des Reziprokwertes der Wahrscheinlichkeit, mit der das Zeichen auftritt. Als Basis des Logarithmus wählt man 2, wenn es sich um zweiwertige Zeichen handelt. Der Informationsgehalt eines Zeichens wird üblicherweise mit h bezeichnet, die Auftrittswahrscheinlichkeit eines Zeichens mit p. Dann ist

$$h = \mathrm{ld}\,\frac{1}{p} = -\,\mathrm{ld}\,p \tag{1.1}$$

Die Einheit des Informationsgehalts ist *Bit*.

Wenn eine Nachrichtenquelle Zeichen mit unterschiedlicher Wahrscheinlichkeit sendet, so kann der Informationsgehalt eines einzelnen empfangenen Zeichens unter der Voraussetzung berechnet werden, dass man die Auftrittswahrscheinlichkeit des Zeichens kennt. Der Erwartungswert für ein Zeichen ist gleich dem Mittelwert der Informationsgehalte aller Zeichen des zugrunde liegenden Alphabets. Sei $h_i(p)$ der Informationsgehalt des i-ten Zeichens und p die Wahrscheinlichkeit, mit der dieses Zeichen auftritt, so ist der *mittlere Informationsgehalt* H gegeben durch

$$\begin{aligned} H &= \sum_i p_i \cdot h_i \\ &= \sum_i p_i \cdot \frac{1}{\mathrm{ld}\,p_i} \\ &= -\sum_i p_i \cdot \mathrm{ld}\,p_i \end{aligned} \tag{1.2}$$

Dieser mittlere Informationsgehalt wird auch als *Entropie* bezeichnet und in Bit gemessen.

Unter der *mittleren Codewortlänge* L eines Codes versteht man die mit den Auftrittswahrscheinlichkeiten gewichtete Summe der Längen der Codewörter als

$$L = \sum_i p_i \cdot l_i, \tag{1.3}$$

wobei l_i für die Länge des dem i-ten Zeichen entsprechenden Codewortes steht. Im Gegensatz zum Informationsgehalt, der nur durch die Auftrittswahrscheinlichkeiten der einzelnen Zeichen bestimmt ist, hängt die mittlere Wortlänge von der gewählten Codierung ab.

Die mittlere Wortlänge eines Binärcodes ist immer größer oder gleich groß als der mittlere Informationsgehalt eines Codes. Die Differenz zwischen mittlerer Codewortlänge und mittlerem Informationsgehalt (Entropie) ist die *Redundanz* des Codes R.

$$R = L - H, \text{ mit } R \geq 0 \tag{1.4}$$

Die Redundanz eines Codes wird ebenfalls in Bit gemessen.

Die *relative Redundanz* r ergibt sich als bezogene Größe, indem man die absolute Redundanz R auf die mittlere Wortlänge L bezieht als

$$r = \frac{R}{L} \tag{1.5}$$

Für die Berechnung der vorgenannten Größen benötigen wir den *Logarithmus dualis*, der jedoch direkt auf einem Taschenrechner in dieser Form nicht verfügbar ist. Hierzu machen wir folgende Überlegung: Wir gehen von einer Zweierpotenz der Form $a = 2^b$ aus und logarithmieren diesen Ausdruck einmal zur Basis 2 und einmal zur Basis e.

$$\begin{aligned} \text{ld}\, a &= \text{ld}(2^b) &= b \cdot \text{ld}\, 2 \\ \ln a &= \ln(2^b) &= b \cdot \ln 2 \end{aligned}$$

Für $b \neq 0$ ergibt sich der Quotient

$$\frac{\text{ld}\, a}{\ln a} = \frac{\text{ld}\, 2}{\ln 2}$$

Wegen $\text{ld}\, 2 = 1$ folgert man

$$\text{ld}\, a = \frac{\ln a}{\ln 2} \approx \frac{\ln a}{0{,}693}$$

In einem symmetrischen Binärkanal treten die digitalen Signale '0' und '1' auf. Nimmt man für die Auftrittswahrscheinlichkeit des Zeichens '1' den Wert p an, so beträgt die Auftrittswahrscheinlichkeit des Zeichens '0' den Wert $(1 - p)$. Unter dieser Voraussetzung kann man die Entropie H berechnen, die in diesem Zusammenhang als *Shannon'sche Funktion für den symmetrischen Binärkanal* bekannt geworden ist.

$$H = S = p \cdot \text{ld}\frac{1}{p} + (1 - p) \cdot \text{ld}\frac{1}{1 - p} \tag{1.6}$$

Es lässt sich zeigen, dass die Entropie H (in diesem Fall S) für gleichwahrscheinlich auftretende Zeichen maximal wird.

Aufgabe 1.1 *Zeichnen Sie den Graphen der* Shannon'schen Funktion $S = f(p)$*!*

Lösung.

p	$p \cdot \mathrm{ld} \frac{1}{p}$	$(1-p) \cdot \mathrm{ld} \frac{1}{1-p}$	S
0.0	mit Regel von de l'Hospital		0
0.1	0.332193	0.136803	0.468996
0.2	0.464386	0.257542	0.721928
0.3	0.52109	0.360201	0.881291
0.4	0.528771	0.442179	0.970951
0.5	0.5	0.5	1.0
0.6	0.442179	0.528771	0.970951
0.7	0.360201	0.52109	0.881291
0.8	0.257542	0.464386	0.468996
0.9	0.136803	0.332193	0.721928
1.0	mit Regel von de l'Hospital		0

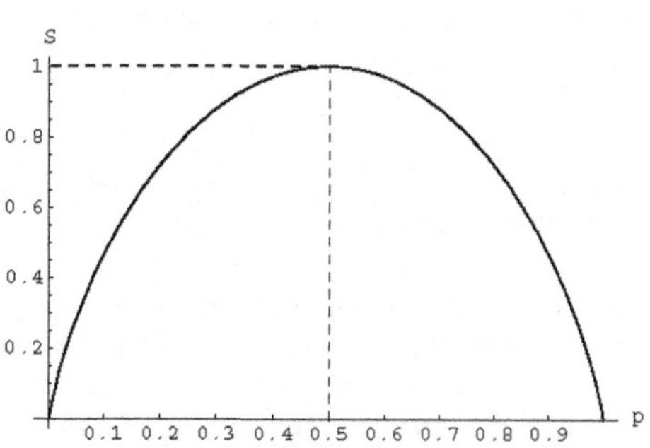

Man erkennt anhand des Funktionsverlaufes, dass die Entropie H im symmetrischen Binärkanal bei $p = 0.5$ maximal wird.

Aufgabe 1.2 *Zeigen Sie, dass die Entropie* H *für gleichwahrscheinlich auftretende Zeichen maximal wird!*

Lösung. Der Nachweis kann dadurch geführt werden, dass man den Extremwert der Shannon'schen Funktion bestimmt, indem man den Differentialquotienten $\frac{dS}{dp}$ bildet, diesen Null setzt, nach dem Extremum sucht und mit Hilfe der 2. Ableitung zeigt, dass es sich um ein Maximum handelt.

$$
\begin{aligned}
f(p) &= p \cdot \mathrm{ld}\frac{1}{p} + (1-p) \cdot \mathrm{ld}\frac{1}{(1-p)} \\
&= -p \cdot \mathrm{ld}\, p + (p-1) \cdot \mathrm{ld}(1-p) \\
f(p)' &= -\mathrm{ld}\, p - p \cdot \frac{1}{p \cdot \ln 2} + \mathrm{ld}(1-p) + (p-1) \cdot \frac{1}{(p-1) \cdot \ln 2} \\
&= -\mathrm{ld}\, p - \frac{1}{\ln 2} + \mathrm{ld}(1-p) + \frac{1}{\ln 2} \\
&= \mathrm{ld}\frac{1}{p} - \mathrm{ld}\frac{1}{(1-p)} \\
f(p)'' &= -\frac{1}{p} - \frac{1}{1-p}
\end{aligned}
$$

Um den Extremwert zu finden, wird die erste Ableitung Null gesetzt.

$$
\begin{aligned}
f(p)' = 0 \Rightarrow \quad -\mathrm{ld}\, p + \mathrm{ld}(1-p) &= 0 \\
\mathrm{ld}\, \tfrac{1-p}{p} &= 0 \\
\tfrac{1-p}{p} &= 1 \\
\Rightarrow \qquad p &= \tfrac{1}{2}
\end{aligned}
$$

Mit Hilfe der 2. Ableitung kann nun herausgefunden werden, ob es sich um ein Maximum handelt.

$$
f(\frac{1}{2})'' = -4 < 0 \Rightarrow \text{Maximum}
$$

Wie auch aus obiger Kurvendiskussion ersichtlich, gilt $H(\frac{1}{2}) = 1$ Bit.

Aufgabe 1.3 *Was ist ein* Bit*?*

Lösung. *Bit* ist die Abkürzung für *binary digit*. Es ist die Einheit des Informationsgehalts und bezeichnet ein Zeichen eines Binäralphabets.

Aufgabe 1.4 *Was versteht man unter dem* Informationsfluss*? In welcher Einheit wird er gemessen?*

Lösung. Der *Informationsfluss* ist die Menge der in einer bestimmten Zeit übertragenen, Information. Seine Einheit ist Bit/s.

Aufgabe 1.5 *Wenn Sie in einem Auto während einer Fahrt jede halbe Stunde auf die Öldruckwarnlampe sehen, wie groß ist dann der Informationsfluss von der Lampe zu Ihnen? Hinweis: Überlegen Sie, wieviel Information Sie bei jedem Hinsehen bekommen.*

Lösung. Die Lampe kann zwei Zustände annehmen: *leuchtend* oder *erloschen*. Somit erhält man bei jedem Hinsehen ein Bit an Information. Man sieht jede halbe Stunde hin, also alle 1800 Sekunden. Der Informationsfluss ist also 1 Bit / 1800 Sekunden = 0.00055556 Bit/s. Beachten Sie, dass wir hier von der Annahme ausgehen, dass der mittlere Informationsgehalt einer Nachricht, die wir von der Lampe bei jedem Hinsehen erhalten, 1 Bit ist. Dies stimmt jedoch bei genauer Betrachtung der Auftrittswahrscheinlichkeiten der einzelnen Nachrichtenzeichen nicht (siehe nächste Aufgabe).

Aufgabe 1.6 *Wenn Sie sich wie im letzten Beispiel verhalten, wie groß ist dann der Informationsgehalt der* leuchtenden *Öldruckwarnlampe? Wie groß ist der Informationsgehalt der* erloschenen *Lampe? Hinweis: Überlegen Sie sich, wie oft die Lampe im allgemeinen in einem intakten Auto leuchtet.*

Lösung. Im Gegensatz zur Annahme im letzten Beispiel haben leuchtende und erloschene Lampen unterschiedlichen Informationsgehalt. Bei einem gut gepflegten, intakten Auto erwartet man, dass diese Lampe praktisch nie leuchtet, d.h., die Auftrittswahrscheinlichkeit einer leuchtenden Lampe ist etwa 0 und jene der erloschenen Lampe nahezu 1. Somit ist der Informationsgehalt einer leuchtenden Lampe praktisch unendlich groß und jener der erloschenen etwa gleich 0.

Aufgabe 1.7 *Wie groß ist der Informationsgehalt jedes einzelnen Zeichens und der mittlere Informationsgehalt in einer Binärcodierung mit* N *Bits, in der alle möglichen Codewörter verwendet werden und gleich wahrscheinlich auftreten?*

Lösung. Da mit N Bits 2^{N} Zeichen dargestellt werden können, gilt

$$\mathrm{h} = \mathrm{ld}\,\frac{1}{\frac{1}{2^{\mathrm{N}}}} = \mathrm{ld}\,2^{\mathrm{N}} = \mathrm{N}\ \mathrm{Bit},\ \mathrm{H} = \sum_{i=1}^{2^{\mathrm{N}}} \frac{1}{2^{\mathrm{N}}} \cdot \mathrm{N} = \mathrm{N}\ \mathrm{Bit}$$

Aufgabe 1.8 *Gegeben sei eine Liste von Substantiven mit den dazugehörigen Artikeln. Wenn Sie davon ausgehen, dass die Endung „ung" ein Substantiv mit dem Artikel „die" bedingt und die Liste fehlerfrei ist, wie groß ist dann der Informationsgehalt des Artikels des Wortes „Bedeutung" in der Liste?*

Lösung. Der Informationsgehalt ist 0, da die Information, die man durch den Artikel in einer Tabelle erhält, vom Wort ableitbar und damit redundant ist.

Aufgabe 1.9 *Die Wahrscheinlichkeit für das Auftreten von „Kopf" oder „Zahl" beim Münzenwurf beträgt jeweils $\frac{1}{2}$. Wie groß ist die Wahrscheinlichkeit, dass Sie bei drei Würfen dreimal „Zahl" erhalten? Wie groß ist der Informationsgehalt einer Nachricht, die den Ausgang von drei Würfen beinhaltet, wenn die einzelnen Würfe einander nicht beeinflussen und der Informationsgehalt einer Nachricht, die den Ausgang eines Wurfs beinhaltet,* I *ist?*

Lösung.

$$P_{\text{dreimal Zahl}} = \frac{1}{2} \cdot \frac{1}{2} \cdot \frac{1}{2} = \frac{1}{8}$$

Der Informationsgehalt einer Nachricht, die den Ausgang von drei Würfen beinhaltet, wobei die einzelnen Würfe einander nicht beeinflussen, beträgt $3 \cdot \mathrm{I}$.

Aufgabe 1.10 *Bei der Erfassung von Studenten werden siebenstellige Matrikelnummern verwendet. Wie groß ist die Redundanz und die relative Redundanz dieser Codierung bei 10 000 Studenten?*

Lösung. Die Matrikelnummer besteht aus sieben Dezimalziffern. Für die Darstellung aller Studenten braucht man jedoch nur vier Dezimalziffern (0000 ... 9999). Damit sind drei Dezimalziffern überflüssig, d.h.,

$$R = 3 \cdot \text{ld } 10 \text{ Bit} \quad \text{und} \quad r = \frac{3}{7}$$

Der Informationsgehalt einer n-stelligen Dezimalzahl ist $n \cdot \text{ld } 10$.

Aufgabe 1.11 *Wieviele Fragen brauchen Sie höchstens, um eine natürliche Zahl < 100, die ein Freund zufällig gewählt hat, durch Fragen der Art „ist die Zahl größer oder kleiner als y" zu erraten? Wie wählen Sie dabei y?*

Lösung. Man benötigt 7 ($\approx$ ld 100 aufgerundet) Fragen. Die erste Frage lautet: „Ist die Zahl kleiner als 50?". Danach werden die Fragen so gestellt, dass die zu ihnen passenden Antworten entscheiden, in welcher Hälfte des jeweiligen Bereichs die Zahl liegt.

Aufgabe 1.12 *Erstellen Sie eine Logarithmentabelle der ganzzahligen Zweierlogarithmen im Bereich $[-4, 4]$.*

Lösung.

$x = 2^y$	$\text{ld } x = y$
16	4
8	3
4	2
2	1
1	0
0.5	-1
0.25	-2
0.125	-3
0.0625	-4

Aufgabe 1.13 *Gegeben ist das Alphabet {?,!,a,5} mit den Auftrittswahrscheinlichkeiten der einzelnen Zeichen. Berechnen Sie den Informationsgehalt* h *jedes Zeichens und den mittleren Informationsgehalt* H *für das Alphabet!*

	p
?	0.125
!	0.625
a	0.1
5	0.15

Lösung.

	p	h
?	0.125	3
!	0.625	0.678072
a	0.1	3.32193
5	0.15	2.73697

$$H = \sum_{i=0}^{3} p_i \cdot h_i \approx 1.5415 \text{ Bit}$$

Aufgabe 1.14 *Wie Aufgabe 1.13 allerdings mit dem Alphabet {x,!,b,7} und folgenden Auftrittswahrscheinlichkeiten:*

	p
x	0.220
!	0.425
b	0.130
7	0.225

Lösung.

	p	h
x	0.220	2.184424571
!	0.425	1.234465254
b	0.130	2.943416472
7	0.225	2.152003093

$$H = \sum_{i=0}^{3} p_i \cdot h_i \approx 1.872065976 \text{ Bit}$$

Aufgabe 1.15 *Berechnen Sie den Informationsgehalt einer (neuen) Nachrichtenquelle nach der Übertragung des Wortes „Sommersemester"!*

Lösung.

Zeichen	p	h	p · h
S	3/14	2.22	0.476
O	1/14	3.81	0.272
M	3/14	2.22	0.476
E	4/14	1.81	0.516
R	2/14	2.81	0.401
T	1/14	3.81	0.272

Der Informationsgehalt des Wortes beträgt $H \approx 2.413$ Bit.

Aufgabe 1.16 *Gegeben ist der folgende Binärcode* für das Alphabet $\{A, X, B, Y, G\}$ mit den jeweiligen Auftrittswahrscheinlichkeiten der einzelnen Zeichen.*

	p	*Code*
A	*0.125*	*1001001*
X	*0.0625*	*1011001*
B	*0.25*	*1011101*
Y	*0.0625*	*1001101*
G	*0.5*	*0*

Berechnen Sie den Informationsgehalt h *für jedes Zeichen, sowie (a) den mittleren Informationsgehalt* H*, (b) die mittlere Wortlänge* L*, (c) die Redundanz* R *und (d) die relative Redundanz* r.

Lösung.

	p	Code	h	$p \cdot h$	l	$p \cdot l$
A	0.125	1001001	3	0.375	7	0.875
X	0.0625	1011001	4	0.25	7	0.4375
B	0.25	1011101	2	0.5	7	1.75
Y	0.0625	1001101	4	0.25	7	0.4375
G	0.5	0	1	0.5	1	0.5

(a) $H = \sum_i p_i \cdot h_i = 1.875$ Bit

(b) $L = \sum_i p_i \cdot l_i = 4$ Bit

(c) $R = L - H = 2.125$ Bit

(d) $r = \frac{R}{L} = 0.53125$

Aufgabe 1.17 *Wie Aufgabe 1.16 allerdings mit folgendem Binärcode und Auftrittswahrscheinlichkeiten:*

	p	*Code*
A	*0.25*	*1000001*
B	*0.25*	*1000010*
C	*0.125*	*1000011*
D	*0.125*	*1000100*
E	*0.25*	*0*

Schätzen Sie weiter die Redundanz R*, begründen Sie Ihre Schätzung und geben Sie eine obere und untere Schranke für* R *an.*

Lösung.

	p	Code	h	$p \cdot h$	l	$p \cdot l$
A	0.25	1000001	2	0.5	7	1.75
B	0.25	1000010	2	0.5	7	1.75
C	0.125	1000011	3	0.375	7	0.875
D	0.125	1000100	3	0.375	7	0.875
E	0.25	0	2	0.5	1	0.25

*Von einem Binärcode spricht man, wenn ein binäres Zielalphabet $\{0,1\}$ vorliegt.

(a) $H = \sum_i p_i \cdot h_i = 2.25$ Bit

(b) $L = \sum_i p_i \cdot l_i = 5.5$ Bit

(c) $R = L - H = 3.25$ Bit

(d) $r = \frac{R}{L} \approx 0.5909$

Eine ganz grobe Schätzung für die Redundanz erhält man durch die Beobachtung, dass die Codewörter für die ersten vier Zeichen des Codes ('A' bis 'D') in den ersten vier Stellen übereinstimmen (1000xxx). Da die Summe der Auftrittswahrscheinlichkeiten der angesprochenen Zeichen 0.75 ist, sind in den meisten Fällen mindestens vier Bit überflüssig. Durch die redundanzarme Codierung des Zeichens 'E' wird die Gesamtredundanz gesenkt. Insgesamt ist also die Redundanz in der Nähe von 4.

Durch andere Überlegungen erhält man obere und untere Schranken für die Redundanz. Die ersten vier Zeichen könnte man mit 2 Bit codieren. 5 Bit sind also überflüssig. Da die Codierung von 'E' diese Redundanz nur senken kann, ist 5 Bit eine obere Schranke für die Redundanz. Weiter kann man im Idealfall 5 Zeichen mit ld 5 Bit $\approx$ 2.32 Bit codieren. Aufgerundet sind das 3 Bit. Die mittlere Wortlänge ist leicht zu berechnen ($L = 0.75 \cdot 7 + 0.25 \cdot 1$) und beträgt 5.5. Daraus folgt, dass (5.5 - 3.0) Bit = 2.5 Bit eine untere Schranke für die Redundanz ist. Die Redundanz liegt also zwischen 2.5 und 5 Bit.

Aufgabe 1.18 *Wie groß ist die* Redundanz R *und die* relative Redundanz r *bei Verwendung einer Siebensegment-Anzeige zur Darstellung der Ziffern 0 bis 9. Gehen Sie davon aus, dass die Ziffern mit gleicher Wahrscheinlichkeit auftreten!*

Lösung. Da jede Ziffer x mit gleicher Wahrscheinlichkeit auftritt, gilt $p(x) = 0.1$. Damit besitzen die Ziffern 0 bis 9 den gleichen Informationsgehalt $h = \text{ld}\,\frac{1}{0.1} \approx 3.32$ Bit. Der mittlere Informationsgehalt ist $H = 3.32$ Bit. Zur Darstellung der Ziffern 0 bis 9 werden sieben Segmente ('a'-'g') verwendet, wobei jedes Segment den Zustand „an" oder „aus" annehmen kann.

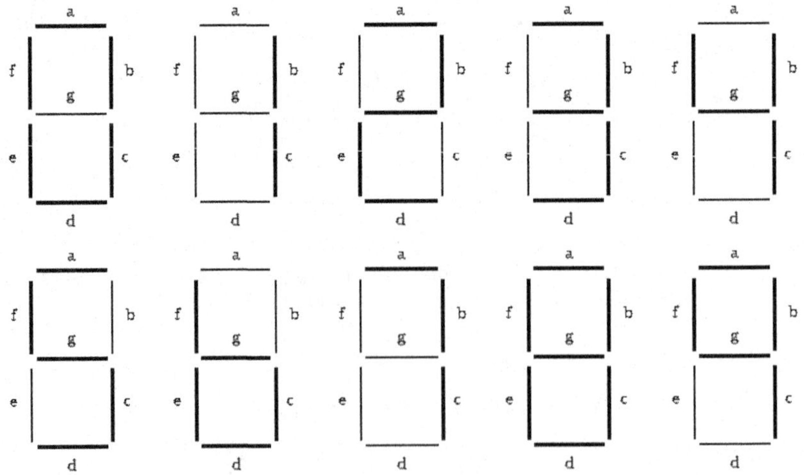

Der Entropie steht daher eine mittlere Wortlänge von $L = 7$ Bit gegenüber. Die absolute Redundanz R dieser Codierung beträgt $R = 7 - 3.32 = 3.68$ Bit. Die relative Redundanz ist somit $r = \frac{R}{L} = \frac{3.68}{7} \approx 0.5257$.

2 Codierungstheorie

Unter *Codierung* wird eine Abbildung von einer Sprache auf eine andere verstanden. Einzelne Zeichen oder Zeichenketten der *Quellsprache* werden dabei einzelnen Zeichen oder auch Zeichenketten der *Zielsprache* zugeordnet. Die Abbildung kann, muss aber nicht, umkehrbar eindeutig sein. Bei der Übertragung und Speicherung von Datenmengen ist es sinnvoll, diese Daten in möglichst optimierter Form zu halten. Dadurch können kosten-intensive Ressourcen wie Speicherplatz und Übertragungsbandbreite reduziert werden. Ein Nachteil der Codeoptimierung ist allerdings, dass für das Codieren und Decodieren von Zeichen ein erhöhter Rechenaufwand nötig ist. Daher ist immer genau zu prüfen, welches Codierungsverfahren gewählt wird und ob eine Codeoptimierung überhaupt sinnvoll ist.

Im folgenden Kapitel gehen wir auf die Codierung nach Huffman und Shannon-Fano näher ein, stellen im Anschluss das Verfahren der arithmetischen Codierung vor und diskutieren letztlich fehlererkennende und fehlerkorrigierende Codes.

2.1 Huffman-Code

Ein Verfahren zur Konstruktion eines redundanzarmen Codes wurde von David A. Huffman (1925–1999) entwickelt [10]. Die nach ihm benannte Huffman-Codierung läuft in drei Schritten ab.

1. Die unterschiedlichen Zeichen werden nach ihren Wahrscheinlichkeiten sortiert.*

2. Zu Beginn werden die beiden Zeichen mit den geringsten Auftrittswahrscheinlichkeiten zusammengefasst. Seien diese a und b. Ab diesem Zeitpunkt werden a und b während der Codeerzeugung als *ein* Zeichen mit einer Auftrittswahrscheinlichkeit, die gleich der Summe der beiden Einzelwahrscheinlichkeiten ist, behandelt. Zur Unterscheidung der beiden Zeichen wird für a '0' und für b '1' gewählt (die Zuordnung ist willkürlich). Dadurch entsteht ein binärer Baum der Höhe 1, wobei ein Ast mit '0' und der andere mit '1' gekennzeichnet wird. Die Blätter des Baumes sind mit a und b und seine Wurzel mit dem neuen, durch die Zusammenfassung von a und b entstandenen Zeichen (z.B. ab) beschriftet.

3. Schritt 2 wird solange durchgeführt, bis durch die Zusammenfassung nur noch ein Zeichen übrig bleibt. Durch diese Vorgangsweise entsteht ein binärer Baum. Alle Blätter dieses Baumes sind mit Zeichen des Alphabets belegt. Die Äste des Baumes sind mit '0' und '1' beschriftet. Zum Codewort für ein Zeichen gelangt man, indem die Abfolge der Beschriftungen der Äste des Baumes notiert wird, wobei man von der Wurzel bis zum jeweilig gewünschten Blatt navigiert.

Ein *adaptiver* Huffman-Code [5] ist eine Variation, bei der der Codebaum nach einer gewissen Anzahl von übertragenen Zeichen sowohl beim Sender als auch beim Empfänger, unter Berücksichtigung der relativen Häufigkeit der zuvor tatsächlich übertragenen Zeichen, neu erstellt wird.

*Zeichen mit gleicher Wahrscheinlichkeiten können beispielsweise lexikographisch geordnet werden.

Aufgabe 2.1 *Die Abbildung von Studentendaten wie Namen und Adressen auf die Matrikelnummern des jeweiligen Studenten bildet eine umkehrbar eindeutige Codierung mit Codes fester Wortlänge. Geben Sie je eine andere denkbare Codierung von Studentendaten mit den folgenden Eigenschaften an:*

(a) umkehrbar eindeutig und feste Wortlänge des Codes

(b) nicht umkehrbar eindeutig und feste Wortlänge des Codes

(c) umkehrbar eindeutig und variable Wortlänge des Codes

(d) nicht umkehrbar eindeutig und variable Wortlänge des Codes

Lösung. Mögliche Codierungen von Studentendaten mit den erwünschten Eigenschaften sind:

(a) Solch eine Codierung kann man erhalten, wenn man alle Studenten, die jemals immatrikuliert haben, durchnummeriert, und zwar unter Verwendung einer festen Anzahl von Ziffern. 000000001 würde dann den ersten Studenten kennzeichnen.

(b) Eine Codierung dieser Art erhält man, wenn man die Nachnamen von Studenten als Codewörter verwendet und diese auf eine feste Anzahl von Stellen mit Leerzeichen auffüllt oder abschneidet.

(c) Wie (a), jedoch ohne feste Wortlänge, also 1 für den ersten Studenten und 100 für den hundertsten Studenten.

(d) Wie (b), jedoch ohne Auffüllen bzw. Abschneiden.

Aufgabe 2.2 *Geben Sie bei den folgenden Codierungen jeweils an, ob sie umkehrbar eindeutig sind und die zugehörigen Codes feste Wortlänge haben:*

(a) Morse-Code

(b) LVA-Daten → LVA-Nr. (LVA steht für Lehrveranstaltung)

(c) Telefonbuch (Person → Telefonnummer)

(d) $a \to 0, b \to 10, c \to 01$

Lösung. Die gefragten Eigenschaften der Codierungen sind in der folgenden Tabelle aufgelistet. Die letzte Codierung ist im weiteren Sinne nicht umkehrbar eindeutig, da bei längeren Nachrichten Mehrdeutigkeiten auftreten. Beispielsweise weiß man bei der Nachricht 0101010 nicht, ob sie aus *abbb* oder *ccca* entstanden ist. Eine eindeutige Codierung längerer Nachrichten ist also nicht möglich.

Codierung	umkehrbar eindeutig	feste Wortlänge
Morse-Code	ja	nein
LVA-Daten → LVA-Nr.	ja†	ja
Telefonbuch	nein	nein
$a \to 0, b \to 10, c \to 01$	nein	nein

†Zu jedem Zeitpunkt ist die Zuordnung von LVA-Daten zu LVA-Nr. eindeutig. Es kann sich jedoch über mehrere Semester der Vortragende einer Lehrveranstaltung ändern, ohne dass sich ihre Nummer ändert.

Aufgabe 2.3 *Was versteht man unter einem* Binärcode*?*

Lösung. Ein *Binärcode* liegt genau dann vor, wenn das Zielalphabet der Codierung ein binäres Alphabet ist.

Aufgabe 2.4 *Wenn eine Binärcodierung umkehrbar eindeutig sein soll und wenn die Wortlänge des Codes eine feste Zahl* N *ist, wie groß darf dann das Quellalphabet maximal sein?*

Lösung. 2^{N}, da jede Position in den Codewörtern eines von zwei Zeichen des binären Zielalphabets enthalten kann und somit 2^{N} verschiedene Codewörter existieren.

Aufgabe 2.5 *Wenn umgekehrt das Quellalphabet* N *Zeichen hat und Sie dieses mit einer umkehrbar eindeutigen Binärcodierung mit fester Wortlänge* M *des zugehörigen Codes codieren wollen, wie groß muss dann* M *mindestens sein?*

Lösung. $\mathsf{M}_{\min} = \text{ld}\, \mathsf{N}$, wobei noch aufgerundet werden muss, da es nur ganzzahlige Anzahlen von Binärentscheidungen gibt.

Aufgabe 2.6 *Handelt es sich beim Morse-Code konzeptuell um einen* Huffman-Code*? Begründen Sie Ihre Antwort!*

Lösung. Diese Frage ist nicht eindeutig mit *ja* oder *nein* zu beantworten. Beide Codes sind einander in konzeptueller Hinsicht ähnlich. Bei beiden Codes treten die Zeichen nur an den Blättern auf (beachten Sie, dass das Pausezeichen beim Morse-Code als Zeichenterminator dient). Beide sind Codierungen mit variabler Länge, und beide Codes versuchen, häufig auftretende Zeichen durch kürzere Codewörter darzustellen. Auf der anderen Seite handelt es sich beim Morse-Code um einen ternären Code (die Mächtigkeit des Zielalphabets ist drei). Insgesamt kann man festhalten, dass der Morse-Code große konzeptuelle Ähnlichkeiten zu einem Huffman-Code hat.

Aufgabe 2.7 *Handelt es sich bei den folgenden Codes um* Huffman-Codes*? Begründen Sie Ihre Antwort.*

(a)

	Code
a	*0*
b	*10*
c	*101*

(b)

	Code	p
a	*11*	*0.5*
b	*10*	*0.25*
c	*0*	*0.25*

Lösung. Die angegebenen Codes sind keine Huffman-Codes, da bei diesen Codes

(a) nicht alle Zeichen als Blätter des Codebaumes auftreten (es sind auch nicht alle möglichen Blätter des Baumes besetzt) und

(b) nicht die Zeichen mit kleinsten Auftrittswahrscheinlichkeiten zusammengefasst wurden.

Aufgabe 2.8 *Kann man beim Huffman-Code die Redundanz beliebig klein machen? Wenn ja, wie? Wenn nein, warum nicht?*

Lösung. Ja. Durch die gemeinsame Codierung ganzer Zeichenfolgen.

Aufgabe 2.9 *Geben Sie eine hinreichende Bedingung für die Auftrittswahrscheinlichkeiten der Zeichen eines Codes an, so dass die Redundanz des Codes gleich 0 ist!*

Lösung. Eine hinreichende Bedingung ergibt sich wie folgt.

$$\begin{aligned} R = L - H &= \sum_i p_i \cdot l_i - \sum_i p_i \cdot h_i \\ &= \sum_i p_i \cdot (l_i - h_i) \end{aligned}$$

Ist $l_i = h_i$ für alle i, so ist die obige Summe und die Redundanz gleich 0.

$$h_i = \mathrm{ld}\frac{1}{p_i} \quad \rightarrow \quad p_i = \frac{1}{2^{h_i}}$$

$$\text{Ist } l_i = h_i \quad \rightarrow \quad p_i = \frac{1}{2^{l_i}}$$

Die Redundanz eines Codes ist gleich 0, wenn die Auftrittswahrscheinlichkeiten der einzelnen Zeichen gleich dem Kehrwert von 2 hoch der Länge des Codewortes für dieses Zeichen sind.

Aufgabe 2.10 *Ist der Huffman-Code eindeutig, d.h., wenn ein Alphabet und die Auftrittswahrscheinlichkeiten der einzelnen Zeichen gegeben sind, gibt es dann genau einen passenden Huffman-Code?*

Lösung. Nein, da

1. die Zuordnung von Zeichen des Zielalphabets {0,1} zu den zwei Zeichen des Quellalphabets mit den kleinsten Auftrittswahrscheinlichkeiten willkürlich erfolgen kann, und

2. wenn mehr als zwei Zeichen die kleinsten Auftrittswahrscheinlichkeiten haben, die Auswahl, welche zusammengefasst werden sollen, willkürlich erfolgen kann.

Um einen eindeutigen Huffman-Code zu erzeugen, kann man beispielsweise

1. die Zuordnung von Zeichen des Zielalphabets {0,1} zu den zwei Zeichen des Quellalphabets mit den kleinsten Auftrittswahrscheinlichkeiten so treffen, dass immer dem Zeichen mit geringerer Auftrittswahrscheinlichkeit '0', jenem mit größerer Auftrittswahrscheinlichkeit '1' zugeordnet wird, und

2. wenn mehr als zwei Zeichen die kleinsten Auftrittswahrscheinlichkeiten haben, entsprechend der lexikographischen Ordnung vorgehen.

Aufgabe 2.11 *Gegeben ist das Alphabet {a, b, c, d, e, f} mit den angegebenen Auftrittswahrscheinlichkeiten der einzelnen Zeichen. Ermitteln Sie einen passenden Huffman-Code. Geben Sie auch die Zwischenschritte an!*

	p
a	*0.25*
b	*0.25*
c	*0.0625*
d	*0.0625*
e	*0.125*
f	*0.25*

Lösung.

1. Schritt	p
a	0.25
b	0.25
f	0.25
e	0.125
cd	0.125

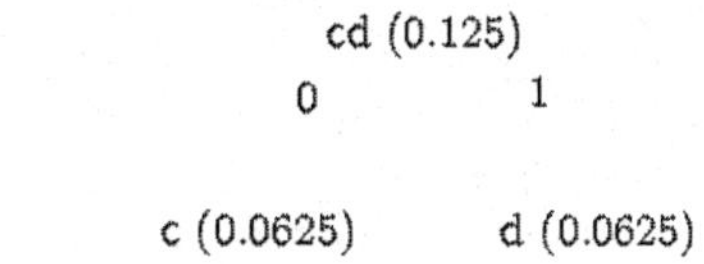

2. Schritt	p
a	0.25
b	0.25
f	0.25
cde	0.25

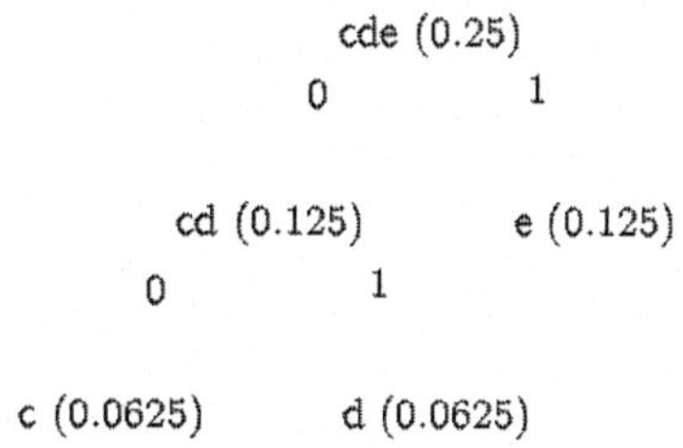

3. Schritt	p
ab	0.5
f	0.25
cde	0.25

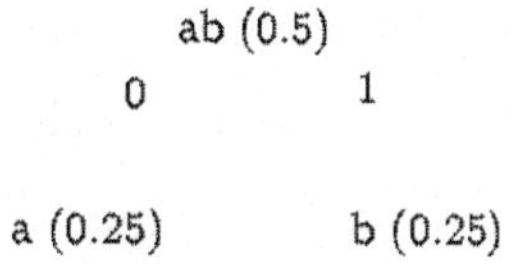

4. Schritt	p
ab	0.5
cdef	0.5

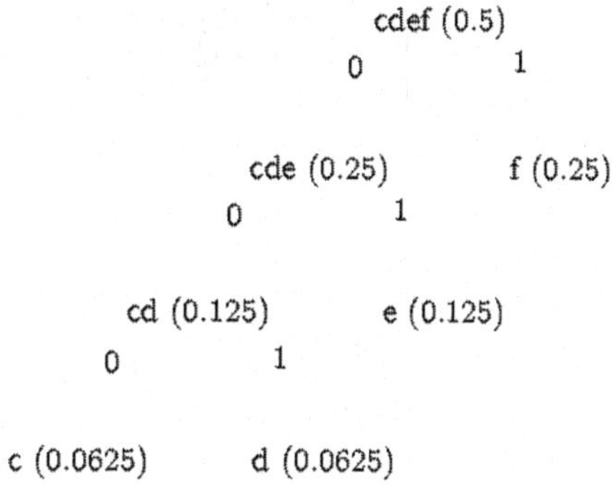

5. Schritt	p
abcdef	1.0

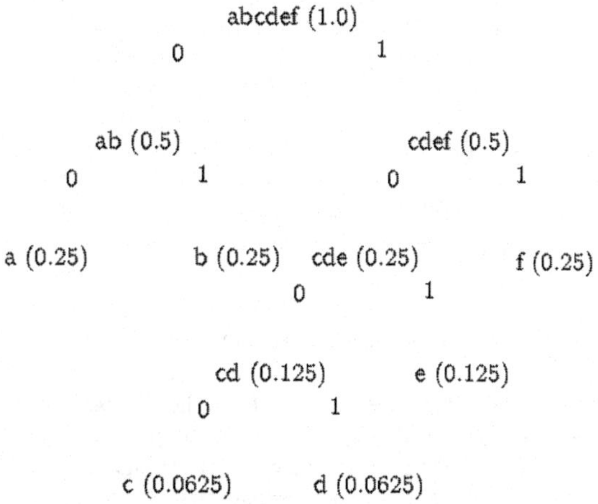

Aufgabe 2.12 *Gegeben ist das Alphabet $\{a, b, c, d, e\}$ mit den Auftrittswahrscheinlichkeiten der jeweiligen Zeichen. Konstruieren Sie einen Huffman-Code und geben Sie die entsprechenden Codewörter an. Berechnen Sie darüber hinaus den Informationsgehalt H, die mittlere Wortlänge L und die Redundanz R gerundet auf 4 Stellen nach dem Komma genau. Dabei soll so vorgegangen werden, dass immer dem Zeichen mit geringerer Auftrittswahrscheinlichkeit '0', dem mit größerer Auftrittswahrscheinlichkeit '1' zuzuordnen ist. Bei gleicher Wahrscheinlichkeit ist dem Zeichen, das lexikographisch kleiner ist, eine '0', dem größeren eine '1' zuzuordnen.*

	p
a	*0.08*
b	*0.23*
c	*0.25*
d	*0.16*
e	*0.28*

Lösung.

	p	Code	l	p · l	h	p · h
a	0.08	010	3	0.24	3.64386	0.291508
b	0.23	00	2	0.46	2.12029	0.487668
c	0.25	10	2	0.5	2	0.5
d	0.16	011	3	0.48	2.64386	0.423017
e	0.28	11	2	0.56	1.8365	0.51422

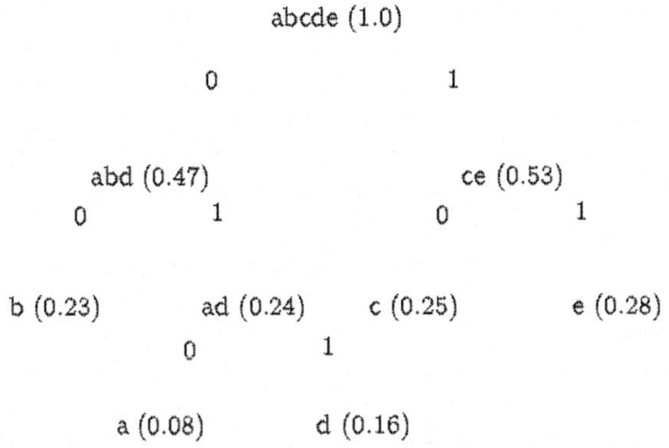

- $\mathsf{L} = 2.24$ Bit
- $\mathsf{H} \approx 2.2164$ Bit
- $\mathsf{R} \approx 0.0236$ Bit

Aufgabe 2.13 *Was sind* adaptive Codes*?*

Lösung. Bei *adaptiven Codes* bleibt die Codierung nicht für die gesamte Dauer einer Nachrichtenübertragung gleich. Sie wird nach jeweils einer bestimmten Anzahl von übertragenen Zeichen neu berechnet. Damit kann eine Anpassung der Codierung an die Häufigkeitsverteilung der Zeichen, die bei einer ganz bestimmten Übertragung auftreten, erfolgen.

Aufgabe 2.14 *Zwei Rechner kommunizieren in einer Sprache mit einem Alphabet aus drei Zeichen {a,b,c}, die mittels eines adaptiven Huffman-Codes auf 0 und 1 abgebildet werden. Der Huffman-Code wird nach je 10 übertragenen Zeichen neu berechnet, wobei für die Berechnung nur die letzten 10 Zeichen verwendet werden. Nehmen Sie an, dass zu Beginn der Übertragung die folgende Codierung verwendet wird:*

$$a \to 0, b \to 10, c \to 11$$

Wie sehen bei der folgenden Übertragung die Huffman-Codes nach jeder Neuberechnung aus? Wieviele Bits braucht man, wenn man die gegebene Nachricht auf diese Weise überträgt, und wieviele würde man brauchen, wenn man alle ihre Zeichen mit der Anfangscodierung übertragen würde?

Nachricht:
b a b c b b b a c c b a a b c c c b b a a c c b a c c c b c a b c c c c c c c c

Lösung. Die adaptive Codierung verhält sich wie folgt:

1. Neuberechnung: a → 01, b → 1, c → 00
2. Neuberechnung: a → 01, b → 1, c → 00
3. Neuberechnung: a → 01, b → 00, c → 1
4. Neuberechnung: a → 01, b → 00, c → 1

$$\begin{aligned} \sum l_{\text{adaptiv}} &= 18 \text{ Bit (1. Block)} + 16 \text{ Bit (2. Block)} + 18 \text{ Bit (3. Block)} + 12 \text{ Bit (4. Block)} \\ &= 64 \text{ Bit} \\ \sum l_{\text{normal}} &= 18 \text{ Bit (1. Block)} + 17 \text{ Bit (2. Block)} + 18 \text{ Bit (3. Block)} + 19 \text{ Bit (4. Block)} \\ &= 72 \text{ Bit} \end{aligned}$$

Bemerkung: Hier wurden die Codewörter bei einer Neuberechnung wenn möglich nicht verändert. Weiter existieren bei jeder Neuberechnung auch andere gleichwertige Codierungsmöglichkeiten.

Aufgabe 2.15 *Konstruieren Sie einen Huffman-Code für das folgende Alphabet und berechnen Sie die Redundanz. Codieren Sie nun jeweils zwei aufeinander folgende Zeichen gemeinsam und berechnen Sie ebenfalls die Redundanz. Vergleichen Sie die beiden Redundanzen und interpretieren Sie das Ergebnis.*

	p
a	*0.4*
b	*0.6*

Lösung. Im folgenden ist für das angegebene Alphabet ein Huffman-Code, bei dem einzelne Zeichen codiert werden, und ein zweiter, bei dem Zeichenketten mit je zwei Zeichen codiert werden, angegeben.

	p	Code	l	p · l	h	p · h
a	0.4	0	1	0.4	1.32193	0.528771
b	0.6	1	1	0.6	0.736966	0.442179

aa	0.16	00	2	0.32	2.64386	0.423017
ab	0.24	01	2	0.48	2.05889	0.494134
ba	0.24	10	2	0.48	2.05889	0.494134
bb	0.36	11	2	0.72	1.47393	0.530615

$$R_{\text{vorher}} = L - H \approx 1 - 0.97095 = 0.02905 \text{ Bit}$$
$$R_{\text{nachher}} = L - H \approx 2 - 1.9419 = 0.0581 \text{ Bit}$$

Bei gemeinsamer Codierung ist die Redundanz größer, was nach den Angaben im Buch „Informatik" (siehe [2], Seite 35) überraschend ist. Die gemeinsame Codierung von Zeichen bringt zwar im allgemeinen auch tatsächlich eine Redundanzreduktion mit sich. Hier haben wir es jedoch mit einem Grenzfall zu tun, bei dem die Granularität der Codierung (wir können keine halben Bits verwenden) eine Rolle spielt.

2.2 Shannon-Fano-Code

Robert M. Fano entwickelte gemeinsam mit Claude E. Shannon das nach beiden benannte Verfahren, das ebenfalls in [19] beschrieben wird. Dieses Codierungsform arbeitet folgendermaßen.

1. Die Zeichen werden entsprechend ihrer Häufigkeit geordnet.

2. Die Zeichen werden anhand der in Schritt 1 getroffenen Reihenfolge in zwei Teilmengen geteilt, wobei darauf zu achten ist, dass die Summe der Häufigkeiten in den beiden Teilmengen möglichst gleich ist. Dadurch entsteht ein binärer Baum der Höhe 1, wobei ein Ast mit '0' und der andere mit '1' gekennzeichnet wird. Die beiden Teilmengen werden dem linken bzw. rechten Teilbaum zugeordnet.

3. Schritt 2 wird solange wiederholt, bis die so gebildeten Teilmengen jeweils nur noch ein Element enthalten. Zum Codewort für ein Zeichen gelangt man, indem die Abfolge der Beschriftungen der Äste des Baumes notiert wird, wobei man von der Wurzel bis zum jeweilig gewünschten Blatt navigiert.

Aufgabe 2.16 *Gegeben ist das Alphabet $\{a, b, c, d, e\}$ mit den Auftrittswahrscheinlichkeiten der jeweiligen Zeichen. Konstruieren Sie einen Shannon-Fano-Code und berechnen Sie die Redundanz des Codes! Geben Sie auch die Zwischenschritte an!*

	p
a	*0.40*
b	*0.20*
c	*0.18*
d	*0.11*
e	*0.11*

Lösung.

	p	Code	l	p · l	h	p · h
a	0.40	11	2	0.80	1.32193	0.528771
b	0.20	10	2	0.40	2.32193	0.464386
c	0.18	00	2	0.36	2.47393	0.445308
d	0.11	010	3	0.33	3.18442	0.350287
e	0.11	011	3	0.33	3.18442	0.350287

1. Schritt	p
{a,b}	0.60
{c,d,e}	0.40

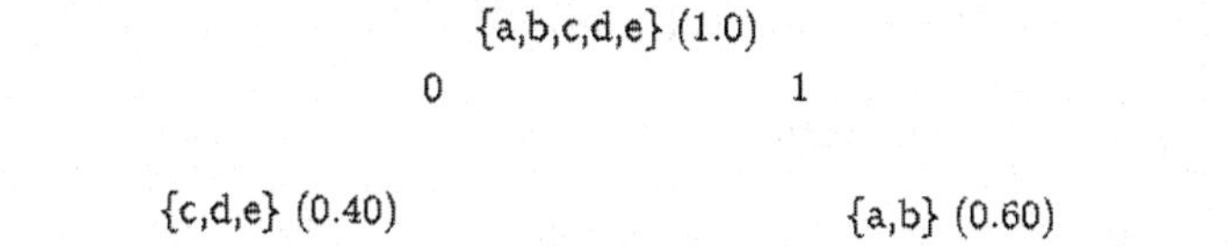

2. Schritt	p
{a,b}	0.60
{c}	0.18
{d,e}	0.22

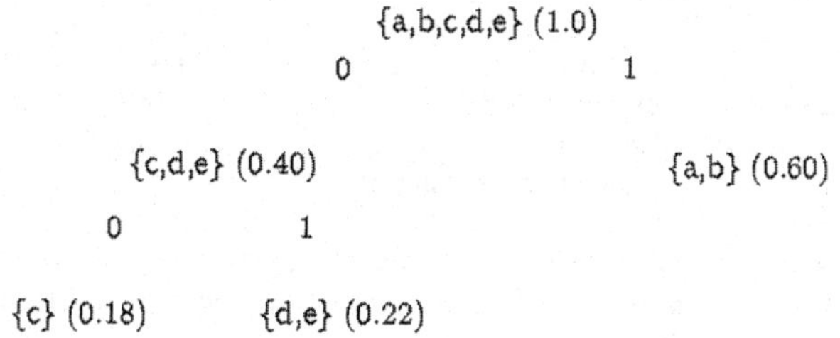

3. Schritt	p
{a,b}	0.60
{c}	0.18
{d}	0.11
{e}	0.11

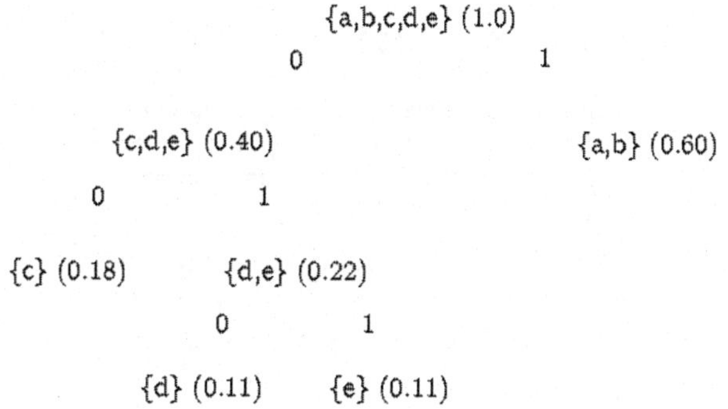

4. Schritt	p
{a}	0.40
{b}	0.20
{c}	0.18
{d}	0.11
{e}	0.11

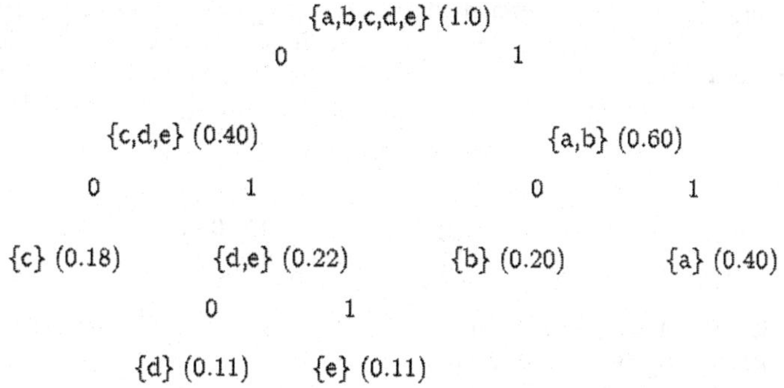

- $L = 2.22$ Bit
- $H \approx 2.13904$ Bit
- $R \approx 0.08096$ Bit

2.3 Arithmetisches Codieren

Das Verfahren des *arithmetischen Codierens* wurde erstmals 1987 von Ian H. Witten, Radford M. Neal und John G. Cleary vorgestellt [23]. Bei diesem Verfahren werden im ersten Schritt die Auftrittswahrscheinlichkeit der einzelnen Zeichen berechnet. Dann wird jedem Zeichen ein Intervall aus dem Bereich $[0, 1)$ zugeordnet, wobei dessen Länge der relativen Häufigkeit des Zeichens entspricht. Zu Beginn wird das dem ersten zu codierende Zeichen zugeordnete Intervall ausgewählt, welches das Ausgangsintervall für den nächsten Codierschritt bildet. Dieses Intervall wird nun seinerseits entsprechend der Auftrittswahrscheinlichkeiten der Zeichen aufgeteilt. Das Vorgehen wird schrittweise solange durchgeführt, bis das letzte Zeichen der Nachricht erreicht ist und ein Ergebnisintervall feststeht. Es gibt verschiedene Möglichkeiten, das Ergebnis des Codierens anzugeben. Zum einen können die zuletzt ermittelten Intervallgrenzen übertragen werden, zum anderen identifiziert jede Zahl aus dem Ergebnisintervall den codierten Text eindeutig. Eine verbesserte Variante dieses Verfahrens wurde 1998 von Alistair Moffat, Radford M. Neal und Ian H. Witten entwickelt [16].

Aufgabe 2.17 *Gegeben ist das Alphabet $\{d, e, f, !\}$ und die zu den einzelnen Zeichen des Alphabets gehörenden Auftrittswahrscheinlichkeiten. Berechnen Sie mittels arithmetischen Codierens das zum Wort „fee" gehörende Intervall* I. *Nehmen Sie an, dass das Zeichen '!' als Endekennung fungiert. Geben Sie auch die Zwischenschritte der Codierung an.*

	p
d	*0.3*
e	*0.4*
f	*0.2*
!	*0.1*

Lösung. Die Codierung erfolgt so, dass die untere Grenze des Intervalls für das erste Zeichen des Alphabets ('d') und die obere Grenze des Intervalls für das letzte Zeichen des Alphabets ('!') verwendet wird.

	p	Intervall
d	0.3	[0, 0.3)
e	0.4	[0.3, 0.7)
f	0.2	[0.7, 0.9)
!	0.1	[0.9, 1)

1. Zeichen = 'f' $\Rightarrow$ I $= [0.7, 0.9)$
2. Zeichen = 'e' $\Rightarrow$ I $= [0.76, 0.84)$
3. Zeichen = 'e' $\Rightarrow$ I $= [0.784, 0.816)$
4. Zeichen = '!' $\Rightarrow$ I $= [0.8128, 0.816)$

'!' ist Endekennung, das Wort „fee" liegt daher im Intervall I $= [0.8128, 0.816)$

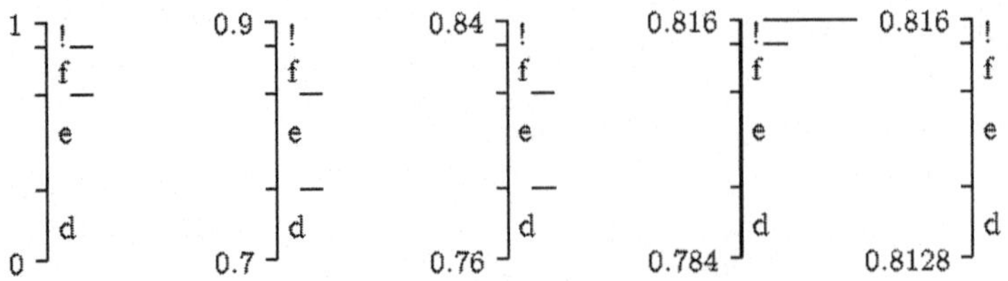

Im allgemeinen ist jedoch die Zuordnung von Zeichen zu Intervallen nicht eindeutig, d.h., es gibt mehrere gleichwertige Zuordnungen, die klarerweise zu unterschiedlichen Intervallen führen.

Aufgabe 2.18 *Gegeben ist das Alphabet $\{a, o, s, t, u, !\}$ sowie zugehörige Auftrittswahrscheinlichkeiten mit den daraus abgeleiteten Intervallen. Berechnen Sie mittels arithmetischen Codierens das zum Wort „auto" gehörende Intervall* I. *Nehmen Sie an, dass das Zeichen '!' als Endekennung fungiert. Geben Sie auch die Zwischenschritte der Codierung an.*

	p	*Intervall*
u	*0.1*	*[0, 0.1)*
!	*0.25*	*[0.1, 0.35)*
s	*0.1*	*[0.35, 0.45)*
t	*0.1*	*[0.45, 0.55)*
o	*0.2*	*[0.55, 0.75)*
a	*0.25*	*[0.75, 1)*

Lösung.

1. Zeichen = 'a' ⇒ I = [0.75, 1)
2. Zeichen = 'u' ⇒ I = [0.75, 0.775)
3. Zeichen = 't' ⇒ I = [0.76125, 0.76375)
4. Zeichen = 'o' ⇒ I = [0.762625, 0.763125)
5. Zeichen = '!' ⇒ I = [0.762675, 0.7628)

'!' ist Endekennung, das Wort „auto" liegt daher im Intervall I = [0.762675, 0.7628)

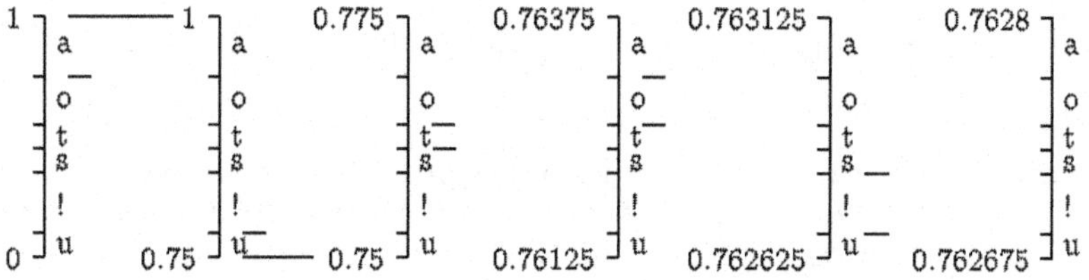

Aufgabe 2.19 *Gegeben ist der folgende arithmetische Code und das Intervall* I. *Decodieren Sie die Nachricht! Nehmen Sie dabei an, dass '!' als Endekennung dient. Geben Sie auch die Zwischenschritte bei der Decodierung an.*

	Intervall
n	*[0, 0.2)*
i	*[0.2, 0.5)*
f	*[0.5, 0.6)*
t	*[0.6, 0.7)*
o	*[0.7, 0.9)*
!	*[0.9, 1)*

Intervall I = [0.23528, 0.2354)

Lösung. Bei der *vergleichenden Methode* wird das zur zu decodierenden Nachricht gehörende Intervall I = $[u_I, o_I)$ mit den gegebenen Intervallen verglichen, das passende Intervall gesucht und das zugehörige Zeichen ermittelt. Danach werden die daraus resultierenden neuen Intervallgrenzen gebildet und iterativ fortgefahren.

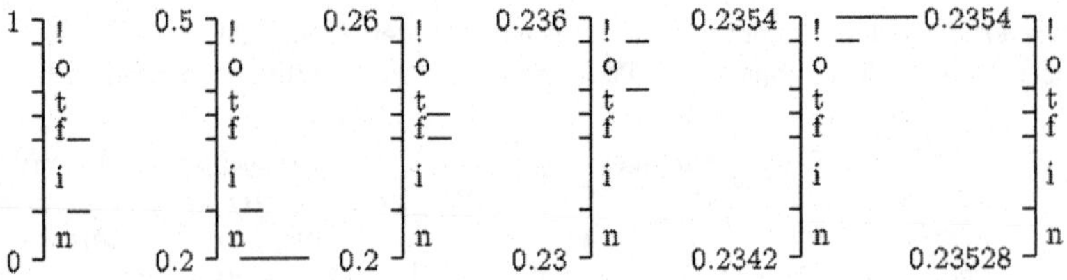

1. Schritt: $I = [0.23528, 0.2354) \subseteq [0.2, 0.5)$ $\Rightarrow$ 1. Zeichen = 'i'
2. Schritt: $I = [0.23528, 0.2354) \subseteq [0.2, 0.26)$ $\Rightarrow$ 2. Zeichen = 'n'
3. Schritt: $I = [0.23528, 0.2354) \subseteq [0.23, 0.236)$ $\Rightarrow$ 3. Zeichen = 'f'
4. Schritt: $I = [0.23528, 0.2354) \subseteq [0.2342, 0.2354)$ $\Rightarrow$ 4. Zeichen = 'o'
5. Schritt: $I = [0.23528, 0.2354) \subset [0.23528, 0.2354)$ $\Rightarrow$ 5. Zeichen = '!'

Möchte man das mühsame Ermitteln aller Intervallgrenzen umgehen, kann man die *skalierende Methode* anwenden. Hier geht man wie folgt vor: Sei u_x und o_x die untere und obere Grenze und $l_x = o_x - u_x$ die Länge des Intervalls des Zeichens x, mit $I = [u_I, o_I) \subseteq I_x = [u_x, o_x)$, dann ergibt sich das neu zu betrachtende Intervall $I_{neu} = [u_{neu}, o_{neu})$ aus

$$u_{neu} = \frac{(u_I - u_x)}{l_x} \qquad \text{und} \qquad o_{neu} = \frac{(o_I - u_x)}{l_x}$$

Mit dem neuen Intervall I_{neu} wird nun iterativ fortgefahren, bis das Trennzeichen erkannt wurde.

1. Schritt: $I = [0.23528, 0.2354) \subseteq [0.2, 0.5)$ $\Rightarrow$ 1. Zeichen = 'i'
2. Schritt: $I = [0.1176, 0.118) \subseteq [0, 0.2)$ $\Rightarrow$ 2. Zeichen = 'n'
3. Schritt: $I = [0.588, 0.59) \subseteq [0.5, 0.6)$ $\Rightarrow$ 3. Zeichen = 'f'
4. Schritt: $I = [0.88, 0.9) \subseteq [0.7, 0.9)$ $\Rightarrow$ 4. Zeichen = 'o'
5. Schritt: $I = [0.9, 1) \subset [0.9, 1)$ $\Rightarrow$ 5. Zeichen = '!'

Aufgabe 2.20 *Gegeben ist der folgende arithmetische Code und die codierte Nachricht 0.76277. Decodieren Sie die Nachricht! Nehmen Sie dabei an, dass '!' als Endekennung dient!*

	Intervall
a	*[0, 0.1)*
!	*[0.1, 0.35)*
c	*[0.35, 0.45)*
d	*[0.45, 0.55)*
e	*[0.55, 0.75)*
f	*[0.75, 1)*

Lösung. Wir gehen nach der skalierenden Methode vor:

1. Schritt: $0.76277 \in [0.75, 1)$ $\Rightarrow$ 1. Zeichen = 'f'
2. Schritt: $0.05108 \in [0, 0.1)$ $\Rightarrow$ 2. Zeichen = 'a'
3. Schritt: $0.5108 \in [0.45, 0.55)$ $\Rightarrow$ 3. Zeichen = 'd'
4. Schritt: $0.608 \in [0.55, 0.75)$ $\Rightarrow$ 4. Zeichen = 'e'
5. Schritt: $0.29 \in [0.1, 0.35)$ $\Rightarrow$ 5. Zeichen = '!'

Das decodierte Wort lautet daher „fade".

Aufgabe 2.21 *Nennen Sie einige Unterschiede, die zwischen dem arithmetischen Codieren und der Huffman-Codierung festgestellt werden können!*

Lösung. Einige Unterschiede zwischen dem *arithmetischen Codieren* und dem *Huffman-Codieren* sind:

1. Das arithmetische Codieren ist besser für das adaptive Codieren geeignet.
2. Beim arithmetischen Codieren werden ganze Wörter verschlüsselt.
3. Aus Punkt 2 ergibt sich, dass beliebig kleine Redundanzen durch Verschlüsselung möglichst langer Nachrichten erzielt werden können.

2.4 Fehlererkennende und fehlerkorrigierende Codes

Ein *fehlererkennender Code* beinhaltet in den Codewörtern des Zielalphabets redundante Zeichen (Prüfzeichen), wobei diese aus den anderen Zeichen (Datenzeichen) im Codewort berechnet werden. Dadurch können ein oder mehrere Fehler, also beabsichtigte oder unbeabsichtigte Änderungen von Zeichen im Codewort, beim Empfänger einer Nachricht erkannt werden. Dazu berechnet der Empfänger die Prüfzeichen neu und vergleicht sie mit den empfangenen Prüfzeichen.

Die *Polynomcodierung* erzeugt fehlererkennende Codes. Sie umfasst die folgenden drei Schritte.

1. Sei r der Grad eines Generatorpolynoms G. Man stelle das zu übertragende Wort W als Polynom $M(x)$ dar und hänge r Nullen an das rechte Ende von W an. Die Darstellung der entstandenen Zahl als Polynom entspricht dem Produkt von $M(x)$ mit x^r.
2. Man dividiere $x^r \cdot M(x)$ binär durch $G(x)$.
3. Man subtrahiere den Rest, den man bei der Division erhält, von $x^r \cdot M(x)$. Das Resultat dieser Subtraktion ist das zu übertragende Codewort.

Es gibt mehrere Generatorpolynome, die zum Standard [4] erhoben worden sind, wie z.B.

$$\begin{aligned} \text{CRC-12} &= x^{12} + x^{11} + x^3 + x^2 + x + 1 \\ \text{CRC-16} &= x^{16} + x^{15} + x^2 + 1 \\ \text{CRC-CCITT} &= x^{16} + x^{12} + x^5 + 1 \end{aligned}$$

Fehlerkorrigierende Codes sind ähnlich aufgebaut wie fehlererkennende Codes, mit dem Unterschied, dass die Prüfzeichen so beschaffen sind, dass sie eine eindeutige Bestimmung der Position und der Art eines oder mehrerer Fehler ermöglichen.

Richard W. Hamming (1915–1998) stellte 1950 die Vorgangsweise zur Entwicklung eines fehlerkorrigierenden Codes vor [9]. Der nach ihm benannte *Hamming-Code* besteht aus m Datenbits und r Prüfbits. Die Bits des Codewortes werden mit 1 beginnend von links nach rechts nummeriert. Jene Bits, die Potenzen von 2 sind, also 1, 2, 4, 8, 16, usw., sind Prüfbits. Die restlichen (3, 5, 6, 7, 9, usw.) sind mit den Information tragenden Datenbits gefüllt. Jedes Prüfbit ist für eine bestimmte Menge von Bits zuständig. Um festzustellen, welches Bit zu welchen Prüfbits einen Beitrag leistet, muss die Nummer des entsprechenden Bits als Summe von Zweierpotenzen angeschrieben werden. So ist etwa Bit 11 in der Berechnung der Prüfbits 1, 2 und 8 involviert, da $1+2+8 = 11$ ist. Der Wert der Prüfbits wird berechnet, indem man die Anzahl der zu diesem Prüfbit beitragenden Einsen zählt (Paritätsprüfung, Parity-Bit). Ist diese Anzahl eine gerade Zahl, so setzt man das Prüfbit gleich 0, andernfalls gleich 1.

Die *Hammingdistanz* zweier Codewörter von binären Daten mit fester Länge kann ermittelt werden, indem man die betreffenden Codewörter Bit für Bit vergleicht und jene Stellen zählt, die nicht übereinstimmen. Die Hammingdistanz eines Codes ist definiert als das Minimum der paarweisen Hammingdistanzen seiner Codewörter. Wenn man in einem gegebenen Code k-Fehler korrigieren will, benötigt man mindestens eine Hammingdistanz von $2 \cdot k + 1$. Denn in diesem Fall sind die Codewörter so weit von einander entfernt, dass selbst bei k Störungen das originale Codewort noch näher liegt als alle anderen Codewörter und daher eindeutig bestimmt werden kann.

Aufgabe 2.22 *Welches Wort wird durch die Polynomcodierung (Generatorpolynom* $G(x) = x^4 + x + 1$*) erzeugt, wenn das zu übertragende (unverschlüsselte) Wort* $W = 110101$ *ist?*

Lösung. Wir gehen in drei Schritten vor.

1. Bilde Produkt von $M(x)$ mit x^4 für das Wort $W = 110101$.

$$\begin{aligned} M(x) &= x^5 + x^4 + x^2 + 1 \\ x^4 \cdot M(x) &= x^9 + x^8 + x^6 + x^4 \\ &= 1101010000 \end{aligned}$$

2. Division durch $G(x)$.

$$\begin{array}{cccccc} (x^9 & +x^8 & +x^6 & & +x^4) & \div \; (x^4 + x + 1) = x^5 + x^4 \\ -x^9 & & -x^6 & -x^5 & & \\ \hline & x^8 & & +x^5 & +x^4 & \\ & -x^8 & & -x^5 & -x^4 & \\ & & & & 0 & \end{array}$$

3. Da der Rest bei der Division 0 ist, ist das zu übertragende Polynom $x^9 + x^8 + x^6 + x^4$ und das zu übertragende Wort somit 1101010000.

Aufgabe 2.23 *Decodieren Sie unter Verwendung der Polynomcodierung das Wort* 1011010110 *(Generatorpolynom* $G = x^4 + x + 1$*)! Stellen Sie fest, ob das Wort richtig übertragen wurde. Geben Sie zunächst eine Beschreibung der durchzuführenden Schritte und danach die Ergebnisse der einzelnen Schritte an. Stellen Sie fest, ob das übertragene Wort gestört ist!*

Lösung. Die Schritte bei der Decodierung eines mittels Polynomcodierung erzeugten Wortes sind:

1. Man dividiere das empfangene Wort binär durch das Generatorpolynom.
2. Ist der Rest, der in Schritt 1 entsteht, gleich 0, so war die Übertragung (mit großer Wahrscheinlichkeit) fehlerfrei, und das Wort aus Schritt 1 ist die decodierte Nachricht. Sonst liegen ein oder mehrere Fehler vor.

Die Polynomcodierung erzeugt keine Codes, die eine Fehlerkorrektur ermöglichen. Es kann zwar erkannt werden, dass ein oder mehrere Fehler aufgetreten sind, aber es kann nicht festgestellt werden, welche Bits vom Fehler betroffen sind.

Angewandt auf die konkreten Angaben bedeutet das:

$$W = 1011010110 \Rightarrow \text{ Polynom: } x^9 + x^7 + x^6 + x^4 + x^2 + x$$

$$\begin{array}{llllllll}
(x^9 & +x^7 & +x^6 & & +x^4 & & +x^2 & +x) \quad \div \quad (x^4 + x + 1) = x^5 + x^3 + x \\
-x^9 & & -x^6 & -x^5 & & & & \\
\hline
 & x^7 & & +x^5 & +x^4 & & & \\
 & -x^7 & & & -x^4 & -x^3 & & \\
\hline
 & & & x^5 & & +x^3 & +x^2 & +x \\
 & & & -x^5 & & & -x^2 & -x \\
\hline
 & & & & & x^3 & &
\end{array}$$

Die Division ergibt einen Rest von x^3, d.h., das Wort ist gestört.

Aufgabe 2.24 *Bilden Sie für das Datenwort* 111010 *einen zugehörenden Hamming-Code.*

Lösung. Das zu codierende Wort besteht aus 6 Datenbits (D_1 bis D_6) und muss um 4 weitere Prüfbits (P_1 bis P_4) zu einem aus 10 Bits bestehenden Hamming-Code erweitert werden.

P_1	P_2	D_1	P_3	D_2	D_3	D_4	P_4	D_5	D_6
1	2	3	4	5	6	7	8	9	10
p_1	p_2	d_3	p_4	d_5	d_6	d_7	p_8	d_9	d_{10}

Die Datenbits (D_1 bis D_6) tragen folgendermaßen zur Bildung der Prüfbits bei:

$$\begin{array}{lllllllllllll}
D_1 & \equiv & d_3 & \Rightarrow & 3 & = & 1 & + & 2 & & & & \\
D_2 & \equiv & d_5 & \Rightarrow & 5 & = & 1 & & & + & 4 & & \\
D_3 & \equiv & d_6 & \Rightarrow & 6 & = & & & 2 & + & 4 & & \\
D_4 & \equiv & d_7 & \Rightarrow & 7 & = & 1 & + & 2 & + & 4 & & \\
D_5 & \equiv & d_9 & \Rightarrow & 9 & = & 1 & & & & & + & 8 \\
D_6 & \equiv & d_{10} & \Rightarrow & 10 & = & & & 2 & & & + & 8
\end{array}$$

Damit gelten für die Prüfbits (P_1 bis P_4) die folgenden Gleichungen:

$$p_1 = d_3 \oplus d_5 \oplus d_7 \oplus d_9 \qquad p_2 = d_3 \oplus d_6 \oplus d_7 \oplus d_{10}$$
$$p_4 = d_5 \oplus d_6 \oplus d_7 \qquad p_8 = d_9 \oplus d_{10}$$

Wir beginnen nun das Datenwort 111010 zu codieren:

1	2	3	4	5	6	7	8	9	10
p_1	p_2	**1**	p_4	**1**	**1**	**0**	p_8	**1**	**0**

$$p_1 = 1 \oplus 1 \oplus 0 \oplus 1 = 1 \qquad p_2 = 1 \oplus 1 \oplus 0 \oplus 0 = 0$$
$$p_4 = 1 \oplus 1 \oplus 0 = 0 \qquad p_8 = 1 \oplus 0 = 1$$

Damit lautet der Hamming-Code:

P_1	P_2	D_1	P_3	D_2	D_3	D_4	P_4	D_5	D_6
1	**0**	**1**	**0**	**1**	**1**	**0**	**1**	**1**	**0**

Aufgabe 2.25 *Geben Sie die Formeln zur Berechnung der Prüfbits p_4, p_8 und p_{16} für einen Hamming-Code mit 13 Datenbits an!*

Lösung. Die Prüfbits ergeben sich aus Antivalenzverknüpfungen von Datenbits. Das Datenbit $d_{(n)_2}$ trägt zur Berechnung des Prüfbits p_{2^i} genau dann bei, wenn $(n)_2$ an der Stelle i eine Eins enthält. Die Bits von $(n)_2$ werden dabei bei 0 beginnend nach steigender Wertigkeit nummeriert.

P_1	P_2	D_1	P_3	D_2	D_3	D_4	P_4	D_5	D_6	D_7	D_8	D_9	D_{10}	D_{11}	P_5	D_{12}	D_{13}
1	2	3	4	5	6	7	8	9	10	11	12	13	14	15	16	17	18
p_1	p_2	d_3	p_4	d_5	d_6	d_7	p_8	d_9	d_{10}	d_{11}	d_{12}	d_{13}	d_{14}	d_{15}	p_{16}	d_{17}	d_{18}

$$\begin{aligned} p_4 &= d_5 \oplus d_6 \oplus d_7 \oplus d_{12} \oplus d_{13} \oplus d_{14} \oplus d_{15} \\ p_8 &= d_9 \oplus d_{10} \oplus d_{11} \oplus d_{12} \oplus d_{13} \oplus d_{14} \oplus d_{15} \\ p_{16} &= d_{17} \oplus d_{18} \end{aligned}$$

Aufgabe 2.26 *Angenommen, Sie wollen sechsstellige Binärwörter übertragen und zur Fehlerkorrektur einen Hamming-Code verwenden.*

(a) Codieren Sie das Wort 011011*!*

(b) Nehmen Sie an, dass bei der Übertragung des codierten Wortes das dritte Bit von links gestört wird. Führen Sie die notwendigen Berechnungen auf der Empfängerseite durch, um diesen Fehler zu korrigieren.

Lösung. Beachten Sie bei diesem Beispiel, dass es zwei gleichwertige Verfahren zur Überprüfung der Daten beim Empfänger gibt.

1. Die Prüfbits werden beim Empfänger genauso wie beim Sender berechnet und die Ergebnisse verglichen. Die Indizes der Prüfbits, bei denen es einen Unterschied zwischen dem empfangenen Prüfbit und dem Prüfbit, das beim Empfänger berechnet wurde, gibt, werden aufsummiert, um die Position des Fehlers zu bestimmen.
2. Auch hier werden die Prüfbits beim Empfänger berechnet. Die empfangenen Prüfbits werden dann jedoch – wie im Buch „Informatik" beschrieben (siehe [2], Seite 49) – mit den beim Empfänger berechneten Prüfbits verknüpft (Antivalenz). Die Indizes der Prüfbits, die dabei eine Eins ergeben, werden aufsummiert und ergeben die Position des Fehlers.

In den hier angegebenen Lösungen wird das erste Verfahren verwendet. Überlegen Sie sich, warum die Verfahren gleichwertig sind.

(a) Codierung des Wortes 011011:

1	2	3	4	5	6	7	8	9	10
p_1	p_2	**0**	p_4	**1**	**1**	**0**	p_8	**1**	**1**

$p_1 = d_3 \oplus d_5 \oplus d_7 \oplus d_9$ $\quad$ $p_2 = d_3 \oplus d_6 \oplus d_7 \oplus d_{10}$

$p_4 = d_5 \oplus d_6 \oplus d_7$ $\quad$ $p_8 = d_9 \oplus d_{10}$

$p_1 = 0 \oplus 1 \oplus 0 \oplus 1 = 0$ $\quad$ $p_2 = 0 \oplus 1 \oplus 0 \oplus 1 = 0$

$p_4 = 1 \oplus 1 \oplus 0 = 0$ $\quad$ $p_8 = 1 \oplus 1 = 0$

Das codierte Wort lautet:

P_1	P_2	D_1	P_3	D_2	D_3	D_4	P_4	D_5	D_6
0	0	0	0	1	1	0	0	1	1

(b) Decodierung des Wortes 0010110011:

1	2	3	4	5	6	7	8	9	10
p_1	p_2	d_3	p_4	d_5	d_6	d_7	p_8	d_9	d_{10}
0	**0**	**1**	**0**	**1**	**1**	**0**	**0**	**1**	**1**

$p_1 = 1 \oplus 1 \oplus 0 \oplus 1 = 1$ $\quad p_2 = 1 \oplus 1 \oplus 0 \oplus 1 = 1$

$p_4 = 1 \oplus 1 \oplus 0 = 0$ $\quad p_8 = 1 \oplus 1 = 0$

Die Prüfbits p_1 und p_2 stimmen nicht überein. Daher muss Bit $1 + 2 = 3$ fehlerhaft sein. Die richtige Nachricht lautet daher 0000110011.

Aufgabe 2.27 *Das sechsstellige Wort* 100010 *soll als Hamming-Code übertragen werden!*

Lösung.

P_1	P_2	D_1	P_3	D_2	D_3	D_4	P_4	D_5	D_6
1	2	3	4	5	6	7	8	9	10
p_1	p_2	**1**	p_4	**0**	**0**	**0**	p_8	**1**	**0**

$p_1 = d_3 \oplus d_5 \oplus d_7 \oplus d_9$ $\quad p_2 = d_3 \oplus d_6 \oplus d_7 \oplus d_{10}$

$p_4 = d_5 \oplus d_6 \oplus d_7$ $\quad p_8 = d_9 \oplus d_{10}$

$p_1 = 1 \oplus 0 \oplus 0 \oplus 1 = 0$ $\quad p_2 = 1 \oplus 0 \oplus 0 \oplus 0 = 1$

$p_4 = 0 \oplus 0 \oplus 0 = 0$ $\quad p_8 = 1 \oplus 0 = 1$

Das codierte Wort lautet:

P_1	P_2	D_1	P_3	D_2	D_3	D_4	P_4	D_5	D_6
0	**1**	**1**	**0**	**0**	**0**	**0**	**1**	**1**	**0**

Aufgabe 2.28 *Im folgenden wird ein Hamming-Code verwendet.*

(a) Nehmen Sie an, es wird der Code 0001110001 *empfangen. Führen Sie die notwendigen Berechnungen durch, um festzustellen, ob das Wort richtig übertragen worden ist.*

(b) Wenn das Wort 0010110111 *empfangen wird, was liefert dann das Korrekturverfahren und was bedeutet dieses Ergebnis?*

Lösung.

(a) Decodieren des Wortes 0001110001:

1	2	3	4	5	6	7	8	9	10
p_1	p_2	d_3	p_4	d_5	d_6	d_7	p_8	d_9	d_{10}
0	**0**	**0**	**1**	**1**	**1**	**0**	**0**	**0**	**1**

$p_1 = d_3 \oplus d_5 \oplus d_7 \oplus d_9$ $\quad p_2 = d_3 \oplus d_6 \oplus d_7 \oplus d_{10}$

$p_4 = d_5 \oplus d_6 \oplus d_7$ $\quad p_8 = d_9 \oplus d_{10}$

$p_1 = 0 \oplus 1 \oplus 0 \oplus 0 = 1$ $\quad p_2 = 0 \oplus 1 \oplus 0 \oplus 1 = 0$

$p_4 = 1 \oplus 1 \oplus 0 = 0$ $\quad p_8 = 0 \oplus 1 = 1$

Die Prüfbits p_1, p_4 und p_8 stimmen nicht überein. Daher muss Bit $1 + 4 + 8 = 13$ fehlerhaft sein. Die Nachricht ist aber nur 10 Bit lang. Wir haben es hier mit einem Mehrfachfehler zu tun. Mehrfachfehler können jedoch mit diesem Code nicht korrigiert werden.

(b) Decodieren des Wortes 0010110111:

1	2	3	4	5	6	7	8	9	10
p_1	p_2	d_3	p_4	d_5	d_6	d_7	p_8	d_9	d_{10}
0	**0**	**1**	**0**	**1**	**1**	**0**	**1**	**1**	**1**

$p_1 = 1 \oplus 1 \oplus 0 \oplus 1 = 1$ $\qquad p_2 = 1 \oplus 1 \oplus 0 \oplus 1 = 1$

$p_4 = 1 \oplus 1 \oplus 0 = 0$ $\qquad p_8 = 1 \oplus 1 = 0$

Das Verfahren liefert $1 + 2 + 8 = 11$ als Position des fehlerhaften Bits. Nachdem das Wort nur 10 Zeichen lang ist, deutet auch dieses Ergebnis auf einen Mehrfachfehler hin.

Aufgabe 2.29 *Was passiert, wenn bei einem Hamming-Code ein Prüfbit gestört wird?*

Lösung. Das Korrekturverfahren funktioniert auch, wenn das fehlerhafte Bit ein Prüfbit ist. Nehmen Sie an, der in Aufgabe 2.27 gebildete Hamming-Code ist an der Stelle 2 (und damit p_2) fehlerhaft:

1	2	3	4	5	6	7	8	9	10
p_1	p_2	d_3	p_4	d_5	d_6	d_7	p_8	d_9	d_{10}
0	**0**	1	0	0	0	0	1	1	0

$p_1 = d_3 \oplus d_5 \oplus d_7 \oplus d_9$ $\qquad p_2 = d_3 \oplus d_6 \oplus d_7 \oplus d_{10}$

$p_4 = d_5 \oplus d_6 \oplus d_7$ $\qquad p_8 = d_9 \oplus d_{10}$

$p_1 = 1 \oplus 0 \oplus 0 \oplus 1 = 0$ $\qquad p_2 = 1 \oplus 0 \oplus 0 \oplus 0 = 1$

$p_4 = 0 \oplus 0 \oplus 0 = 0$ $\qquad p_8 = 1 \oplus 0 = 1$

Das Verfahren liefert 2 als Position des fehlerhaften (Prüf-)Bits.

Aufgabe 2.30 *Kann man mit einem Hamming-Code manche Mehrfachfehler erkennen? Kann man mit einem solchen Code alle Mehrfachfehler erkennen? Begründen Sie Ihre Antworten!*

Lösung. Man kann mit einem Hamming-Code manche Mehrfachfehler erkennen (siehe Aufgabe 2.28). Man kann jedoch nicht alle Mehrfachfehler erkennen, da diese ein Codewort in ein anderes, gültiges Codewort umwandeln können.

Aufgabe 2.31 *Können Sie sich ein Verfahren vorstellen, mit dem eine absolut fehlerfreie Übertragung von Nachrichten möglich ist? Wenn ja, wie sieht das Verfahren aus, wenn nein, warum nicht?*

Lösung. Nein. Die Daten können nur durch zusätzliche, redundante Informationen in den Nachrichten gegen Übertragungsfehler geschützt werden, diese können jedoch ihrerseits bei der Übertragung verfälscht werden.

Aufgabe 2.32 *Wie ist die* Hammingdistanz zweier binärer Codewörter *festgelegter Länge definiert?*

Lösung. Die *Hammingdistanz zweier Codewörter* festgelegter Länge ist die Anzahl der Bits, an denen sich die Codewörter unterscheiden.

Aufgabe 2.33 *Wie ist die* Hammingdistanz eines Binärcodes *festgelegter Länge definiert?*

Lösung. Die *Hammingdistanz eines Binärcodes* festgelegter Länge ist das Minimum der paarweisen Hammingdistanzen zwischen verschiedenen Codewörtern. Die Hammingdistanz D kann durch einen *ungerichteten Graphen ohne Mehrfachkanten* veranschaulicht werden. Die nachfolgende Abbildung zeigt für willkürliche Codierungen die jeweilige Hammingdistanz, wobei schwarz hinterlegte Knoten Codewörter des Binärcodes darstellen.

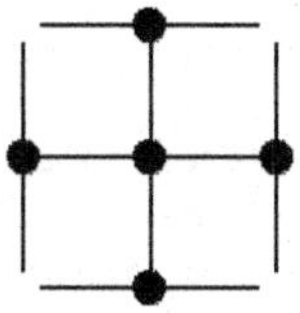

D=1

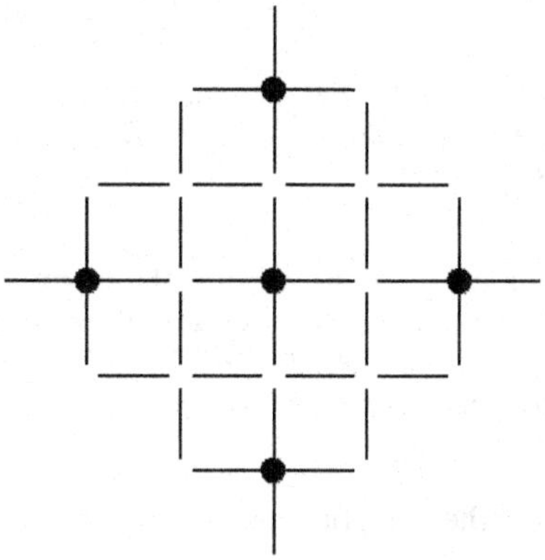

D=2

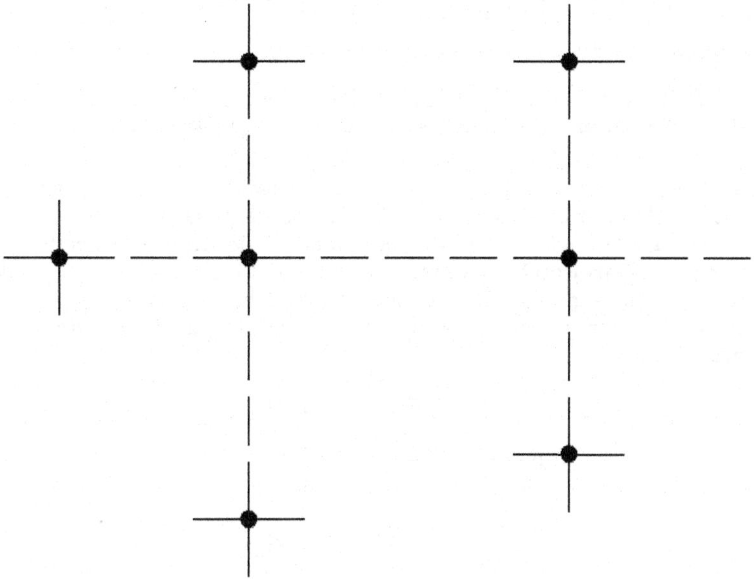

D=3

Aufgabe 2.34 *Angenommen, ein Binärcode hat die Hammingdistanz* $(k-1)$ *für* $k \geq 2$. *Wieviele Übertragungsfehler kann man dann erkennen?*

Lösung. Bei einem Code mit der Hammingdistanz D ($D \geq 1$) können Störungen in bis zu $(D-1)$ Bits erkannt werden. In dieser Aufgabe ist $D = k-1$ ($k \geq 2$). Somit kann man $k-2$ Übertragungsfehler erkennen.

Aufgabe 2.35 *Angenommen, ein Binärcode hat die Hammingdistanz* $(2 \cdot k - 1)$ *für* $k \geq 1$. *Wieviele Übertragungsfehler kann man dann korrigieren?*

Lösung. Bei einem Code mit der Hammingdistanz $D = 2 \cdot n + 1$ ($n \geq 0$) kann man höchstens n Fehler korrigieren. In dieser Aufgabe ist $D = 2 \cdot k - 1$ ($k \geq 1$). Somit kann man $k-1$ Übertragungsfehler korrigieren.

Aufgabe 2.36 *Konstruieren Sie einen fehlererkennenden Binärcode minimaler Wortlänge für das Alphabet* $\{a,b\}$ *mit Hammingdistanz* $D = 2$, *der zusätzlich in der Lage ist, manche Fehler, die nur ein Bit betreffen, zu korrigieren! Geben Sie für das letztere ein Beispiel in Form eines richtig korrigierten Codewortes an!*

Lösung. Eine mögliche Codierung lautet:

	Code
a	001
b	111

- Tritt das Codewort 110 auf, so kann man es auf 111 korrigieren.
- Tritt das Codewort 000 auf, so kann man es auf 001 korrigieren.
- Tritt das Codewort 011 oder 101 auf, so ist eine Korrektur nicht möglich, da sie aus den Codewörtern für a oder b durch Verfälschung eines Bits entstanden sein können.

Die folgende Abbildung versucht, den Begriff der Hammingdistanz dreidimensional zu veranschaulichen. Jede Stelle einer Binärcodierung mit fester Wortlänge kann als eine Dimension aufgefasst werden. Durch diese Interpretation wird der Abstand zwischen den Codewörtern sichtbar. Die Verfälschung eines Bits bedeutet in dieser Interpretation das Vertauschen eines Codewortes durch ein anderes, das entlang einer Kante von diesem aus erreichbar ist. Die Verfälschung zweier Bits bedeutet das Vertauschen eines Codewortes durch ein anderes, das über genau zwei Kanten von diesem aus erreichbar ist.

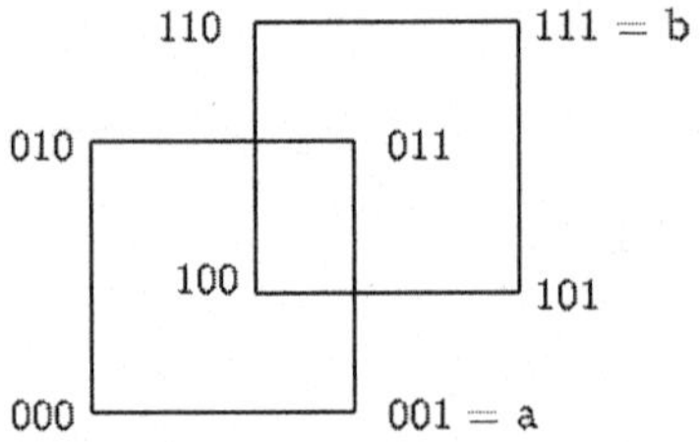

3 Datenübertragungsverfahren

Bei Verfahren der Kanalcodierung geht es darum, die zu übertragende Information möglichst optimal an die Übertragungseigenschaften des Kanals anzupassen. Hier wurden spezielle Codierungen entwickelt, um die Bittaktsynchronisation zu unterstützen. Unter dem Begriff Bittaktsynchronisation versteht man die sichere Erkennung der Zeitlage der einzelnen Bits. Verfahren der Kanalcodierung werden uns im ersten Abschnitt dieses Kapitels beschäftigen. Der zweite ausführliche Abschnitt ist der trennzeichenfreien Codierung gewidmet, die zuerst in der Mikrobiologie entdeckt wurde. Solomon W. Golomb, Basil Gordon und Lloyd R. Welch erkannten als erste die Möglichkeit, diesen Code für die nachrichtentechnische Übertragung von Informationen anzuwenden [7]. Wie sich zeigen wird, sind für die Beschreibung solcher Codes andere Methoden nötig als sonst in der Codierungstheorie üblich.

3.1 Kanalcodierung

Unter Mitwirkung von *White Sands Missile Range*, *Air Force Flight Test Center* und *Air Force Satellite Control Facility* wurde in den USA eine Arbeitsgruppe mit der Bezeichnung Interrange Instrumentation Group (IRIG) eingesetzt, die die Aufgabe hatte, Codierungsverfahren zur Stützung der Bittaktsynchronisation zu entwickeln. Das Arbeitsergebnis wurde als IRIG Standard [18] veröffentlicht, um Telemetrieaufgaben (senden, empfangen, nachverarbeiten von Information) zu vereinheitlichen. Das Hauptanliegen dieser Standardisierung war sowohl eine interferenzfreie, mobile digitale Datenübertragung als auch die Beherrschung des Dopplereffekts bei mobiler Datenübertragung. Der Begriff der *Interferenz* und der *Dopplereffekt* sollen kurz näher erläutert werden.

Unter Interferenz versteht man die Überlagerung zweier gleichphasig schwingender Wellen. Für die Überlagerung der Wellen gilt der Grundsatz, dass sich die Elongationen vorzeichengerecht addieren. Folgende Extremwerte treten auf: An Punkten, für die der Gangunterschied Δs der beiden Wellen (also die Differenz der Entfernungen von den beiden Wellenzentren) ein ganzzahliges Vielfaches der Wellenlänge λ ist, kommen die Wellen gleichphasig an: Wellenberge und Wellentäler treffen also jeweils gleichzeitig ein, so dass es zu konstruktiver Interferenz (zu maximaler Amplitude) kommt. Umgekehrt sind die Verhältnisse an Punkten, für die der Gangunterschied Δs ein halbzahliges Vielfaches der Wellenlänge λ ist: An solchen Punkten kommt ein Wellenberg der einen Welle stets gleichzeitig mit einem Wellental der anderen Welle an, so dass sich die Wellen abschwächen oder sogar auslöschen (destruktive Interferenz, minimale Amplitude).

Der Dopplereffekt ist nach dem österreichischen Physiker Christian A. Doppler (1803-1853) benannt. Er begegnet uns regelmäßig auch im Alltag. Beispielsweise schlägt das Geräusch eines schnellfahrenden Autos von hohen Tönen zu tieferen Tönen um, wenn das Fahrzeug an uns vorbeifährt. Fahren wir auf einen Kirchturm zu, dessen Glocken gerade läuten, so scheinen sie in einer höheren Tonlage zu klingen, als wenn wir an dem Turm vorbeifahren und uns von ihm entfernen. Veränderte Tonhöhe deutet auf eine veränderte Frequenz hin. Hier wollen wir eine einfache Erklärung versuchen: Schwimmen wir in einem See den Wellen entgegen, treffen in der gleichen Zeit mehr Wellen auf uns als wenn wir mit den Wellen schwimmen. Daher gilt:

> *„Die Frequenz einer Welle ändert sich, wenn sich Sender und Empfänger relativ zueinander bewegen.“*

Bei Relativbewegungen zwischen Sender und Empfänger treten Frequenzverschiebungen (die sogenannten Dopplerverschiebungen) auf, die wie folgt berechnet werden können: Ein mit der Geschwindigkeit v bewegter Sender sendet Schallwellen (Schallgeschwindigkeit $c = 347$ m/s) der Frequenz f_0 aus. Die vom Empfänger registrierte Frequenz ist dann bei Annäherung des Senders

$$f_1 = f_0 \cdot \frac{1}{1 - \frac{v}{c}} \tag{3.1}$$

bzw. bei Entfernung des Senders

$$f_2 = f_0 \cdot \frac{1}{1 + \frac{v}{c}} \tag{3.2}$$

Dieselbe Gesetzmäßigkeit gilt natürlich auch für die Ausbreitung elektromagnetischer Wellen mit der Lichtgeschwindigkeit $c_0 \approx 3 \cdot 10^8$ km/s.

Nach diesem kurzen Exkurs in die Welt der Physik sollen nun die IRIG-Codes vorgestellt werden.

- Non-Return-to-Zero Level (NRZ-Level):
  - '1' wird durch einen bestimmten Pegel (z.B. High) dargestellt.
  - '0' wird durch den entgegengesetzten Pegel (z.B. Low) dargestellt.
- Non-Return-to-Zero Mark (NRZ-Mark):
  - '1' wird durch eine Pegeländerung dargestellt.
  - '0' wird durch keine Pegeländerung dargestellt.
- Non-Return-to-Zero Space (NRZ-Space):
  - '1' wird durch keine Pegeländerung dargestellt.
  - '0' wird durch eine Pegeländerung dargestellt.
- Return-to-Zero (RZ):
  - '1' wird durch 1/2 Bit breiten Impuls dargestellt.
  - '0' wird durch keine Pegeländerung dargestellt.
- Bi-Phase-Level (SPLIT-Phase):
  - '1' wird durch einen $1 \rightarrow 0$ Sprung dargestellt.
  - '0' wird durch einen $0 \rightarrow 1$ Sprung dargestellt.
- Bi-Phase-Mark:
  - '1' wird durch eine Pegeländerung am Bitanfang und durch eine zweite Pegeländerung 1/2 Bit später dargestellt.
  - '0' wird durch eine Pegeländerung am Bitanfang dargestellt.
- Bi-Phase-Space:
  - '1' wird durch eine Pegeländerung am Bitanfang dargestellt.
  - '0' wird durch eine Pegeländerung am Bitanfang und durch eine zweite Pegeländerung 1/2 Bit später dargestellt.

Aufgabe 3.1 *Zeigen Sie das Ergebnis bei Interferenz der beiden Funktionen* $f(x) = \sin x$ *und* $g(x) = \sin x$ *bzw.* $f(x) = \sin x$ *und* $g(x) = \sin(x + \pi)$.

Lösung.

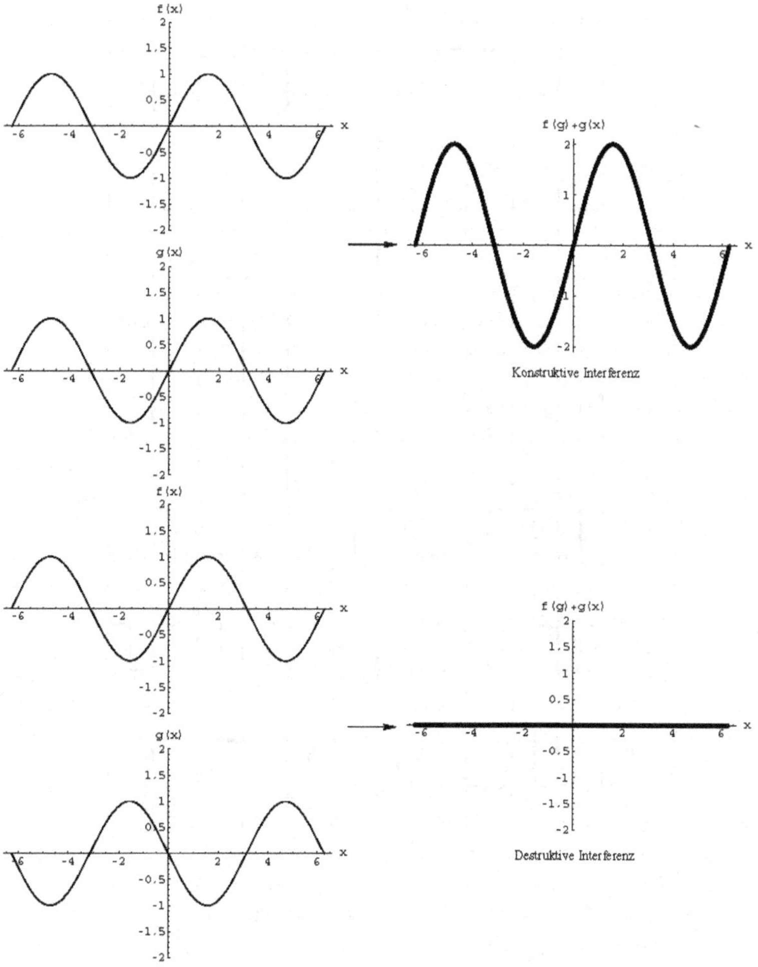

Aufgabe 3.2 *Wodurch wird bei einem Bi-Phase-Level-Code (SPLIT-Phase) die Bittaktsynchronisation bei einer digitalen Nachrichtenübertragung bewirkt? Womit kann eine Bittaktsynchronisation bei Verwendung des RZ-Codes erzwungen werden?*

Lösung. Gleichgültig ob eine Null oder Eins gesendet wurde, in der Mitte des Bitzeitraumes findet eine Pegeländerung (Flanke) von Eins nach Null oder von Null nach Eins statt. Dieses Ereignis kann nun direkt dazu benutzt werden, den Takt im Bitstrom sofort zu rekonstruieren.

Verwendet man den RZ-Code kann es bei Bitfolgen mit langen Null-Serien vorkommen, dass die Bittaktsynchronisation verloren geht. Aus diesem Grund ist es ein gängiges Verfahren, nach n unmittelbaren Wiederholungen einer Null eine Eins einzustreuen, die empfangsseitig wieder transparent entfernt wird. Dieses Verfahren nennt man *Bitstuffing*.

Aufgabe 3.3 *Konstruieren Sie für den binären Datenstrom* 10110001101 *die zuvor vorgestellten IRIG-Codes.*

Lösung.

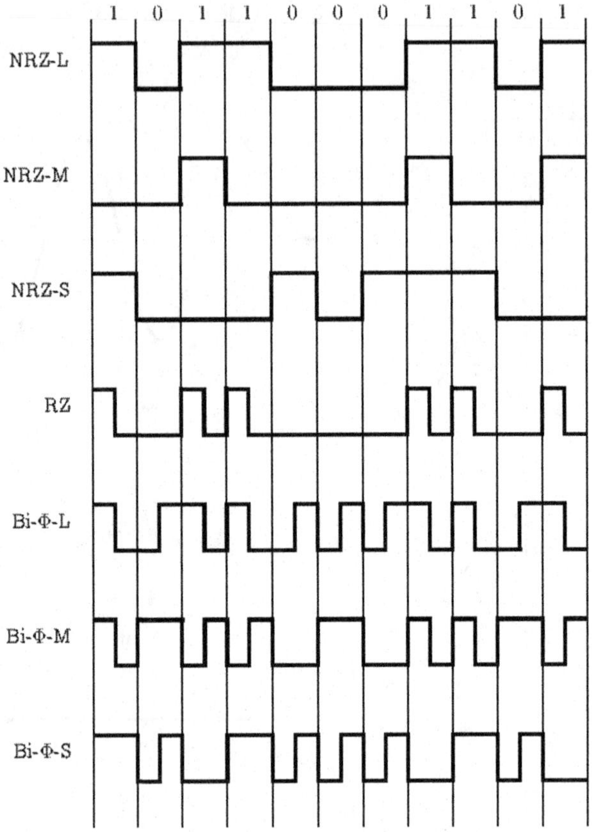

Aufgabe 3.4 *Decodieren Sie folgende RZ codierte Bitfolge!*

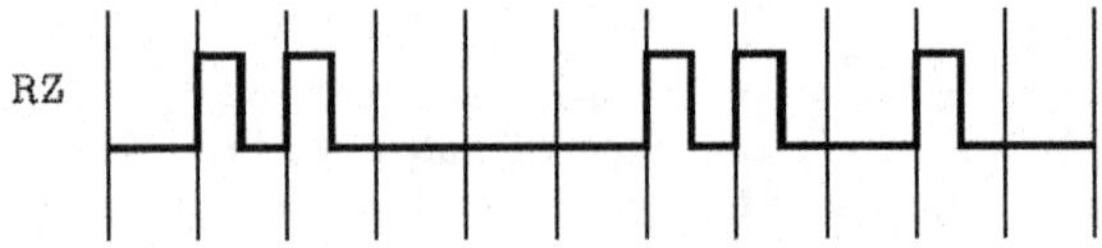

Lösung.

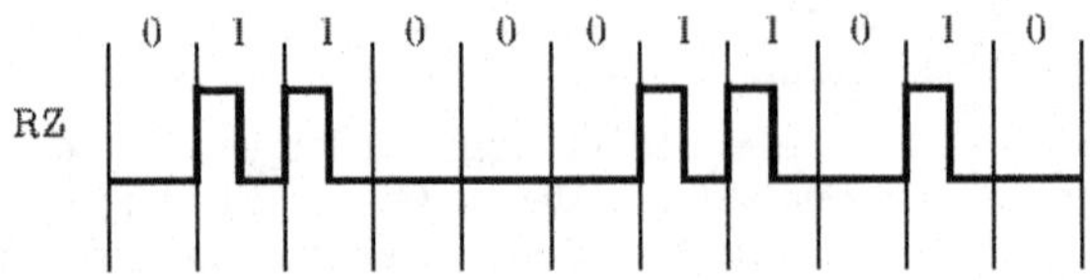

3.2 Trennzeichenfreie Codierung

Das Prinzip der Entwicklung eines *trennzeichenfreien* Codes, auch *kommafreier* Code genannt, besteht darin, dass der Empfänger allein aufgrund der Wortstruktur die Lage der einzelnen Codewörter im Datenstrom erkennt. Haben Codewörter *Präfixeigenschaft*, so können sie ohne Trennzeichen allein aufgrund ihres Aufbaues in einem seriellen Bitstrom erkannt werden. Die Verwendung einer trennzeichenfreien Codierung wird in folgender Abbildung schematisch dargestellt.

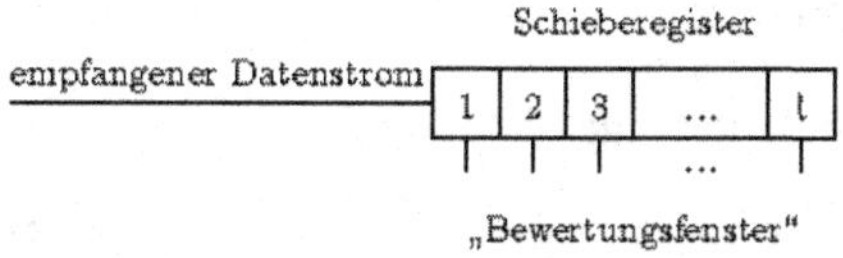

Abbildung 3.1: Kommafreie Decodierung mit Bewertungsfenster

Der empfangene serielle Bitstrom wird mit dem Bittakt seriell in ein Schieberegister eingelesen. Dessen Stellenzahl entspricht der Wortlänge l des verwendeten Codes. An seinen Parallelausgängen steht jeweils ein Ausschnitt der Datenfolge der Länge l. Man lässt so die empfangenen Daten an einem „Bewertungsfenster" vorbeilaufen. Die Forderung für einen kommafreien Code ist nun, dass der Fensterinhalt, also die an den Parallelausgängen anstehenden Datenstellen nur dann als ein Codewort akzeptiert werden, wenn dieser Fensterinhalt einem vereinbarten Codewort entspricht. Haben Codewörter damit die genannte Präfixeigenschaft, so können sie ohne Trennzeichen allein aufgrund ihres Aufbaus in einem seriellen Bitstrom erkannt werden. Ein Nachteil ist jedoch mit dieser Codierung verknüpft: Werden nämlich einzelne Binärzeichen bei der Übertragung verfälscht, so entstehen bei diesem Verfahren erhebliche Datenübertragungsfehler, da gegebenenfalls die Worttrennung über mehrere Wörter hinweg mehrfach falsch bleibt. Die folgende Abbildung zeigt schematisch diese Bewertung einer kommafrei codierten Datenfolge, wobei die vereinbarten Codewörter $a_1a_2a_3a_4$ und $b_1b_2b_3b_4$ lauten.

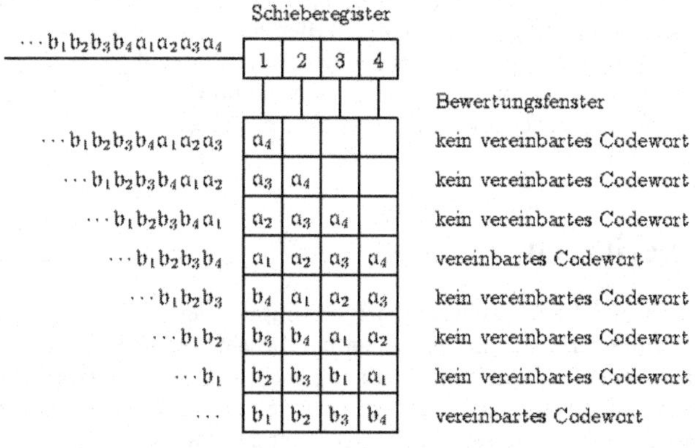

Abbildung 3.2: Wirkung des Bewertungsfensters beim kommafreien Code

Es sind Einschränkungen hinsichtlich der Kommafreiheit vorstellbar. Es kann z.B. zulässig sein, dass der Inhalt des Bewertungsfensters in bestimmten, zwei Wörter überschneidenden Lagen ein vereinbartes Codewort ist. In diesem Fall liegt ein nicht-vollständiger kommafreier Code vor. Von einem vollständigen kommafreien Code spricht man, wenn für jede Kombination von zwei aufeinander folgenden Codewörtern sich in den Zwischenpositionen des Bewertungsfensters kein vereinbartes Codewort ergibt. Eine solche kommafreie Codierung wird auch als *selbstsynchronisierend* bezeichnet.

Voraussetzung für das Erreichen der Synchronisation ist der Empfang eines vollständigen und richtigen Wortes im Empfänger. D.h., dass die Synchronisation nach dem Empfang jedes einzelnen Wortes hergestellt wird. Damit ist die Synchronisationsinformation kontinuierlich über den Datenstrom verteilt. Dies hat zur Folge, dass bei Störungen die Synchronisation beim Empfang des ersten richtigen Wortes sofort wieder erreicht ist.

3.2.1 Eigenschaften

Die Trennzeichenfreiheit bedingt folgende Anforderungen an die Struktur der Codewörter.

1. Forderung der *Nicht-Periodizität.* Unter einem periodischen binären Wort versteht man ein Wort, das aus gleichen Teilstrukturen besteht. Beispiele für periodische binäre Wörter sind

   $a{=}1\ 0\ 0\ 1\ 0\ 0$ und $b{=}1\ 0\ 1\ 0\ 1\ 0.$

   Dagegen sind nicht-periodische Wörter

   $c{=}1\ 0\ 0\ 0\ 1\ 0$ und $d{=}1\ 0\ 1\ 1\ 1\ 0.$

   Es wird ein Faktor q definiert, der die Periodizität der Codewörter beschreibt. Im ersten Beispiel ist $q = 2$, da zwei gleiche Unterstrukturen im Codewort a enthalten sind. Im zweiten periodischen Codewort b ist $q = 3$. Bei nicht-periodischen Codewörtern (im Beispiel oben c und d) ist $q = 1$. Für die einzelnen Codewörter eines kommafreien Codes muss immer $q = 1$ sein.

2. Beachtung der *Äquivalenzklassen.* Die zweite Forderung hinsichtlich der Struktur der kommafreien Codewörter ergibt sich aus der Betrachtung der Permutationen der Codewörter. In der Kombinatorik versteht man unter der Permutation von k Elementen deren in der Reihenfolge unterschiedliche Zusammenstellungen. In der Codierungstheorie sind diese Elemente der einzelnen Stellen der Codewörter. Hier sind nur die zyklischen Permutationen interessant. Dabei nehmen die einzelnen Elemente die Plätze ihrer Nachbarelemente in einer vorgegebenen Richtung ein. Hinsichtlich einer kommafreien Codewortliste ergibt sich die Forderung, dass ein Codewort nicht zusammen mit einer seiner Permutationen in dieser enthalten sein darf.

3.2.2 Fehlerverhalten

Ein Nachteil ist jedoch mit dieser Codierungsart verknüpft: Werden nämlich einzelne Binärzeichen bei der Übertragung verfälscht, so entstehen bei diesem Verfahren erhebliche Datenübertragungsfehler, da gegebenenfalls die Worterkennung mehrfach falsch bleibt. Bei Störungen im Nachrichtenkanal hat man zu unterscheiden zwischen reinen *Synchronisationsstörungen* und *additiven Störungen.* Unter additiven Störungen versteht man Bitverfälschungen, bei denen eine ursprünglich ausgesendete '1' in eine '0' oder umgekehrt umgewandelt wird. Kommafreie Codes haben ein recht gutes Synchronisationsverhalten. Der Empfänger erkennt allein aufgrund der Struktur der Datenwörter deren Anfang. Das bedeutet, dass die Wortsynchronisation zwischen Sender und Empfänger kontinuierlich durchgeführt wird, solange nur ein Datenstrom aus unverfälschten Codewörtern empfangen wird.

Tritt nun eine Synchronisationsstörung derart auf, dass der Datenfluss zwischen Sender und Empfänger für eine gewisse Zeit abreißt, so bereitet es dem Empfänger keine Schwierigkeit, die Synchronisation wiederherzustellen. Er benötigt dazu nur die Erkennung des ersten wieder empfangenen Codewortes.

Es kann jedoch nicht ausgeschlossen werden, dass durch additive Störungen ein vereinbartes Codewort erkannt wird, das nicht vom Sender gesendet wurde. Dieser Fehlerfall kann nur dadurch eliminiert werden, dass die erkannte Periodizität der Wortanfänge in diesem Fall nicht vorliegt.

Die mittlere Synchronisationszeit kann bei der Annahme eines beliebigen Einsetzzeitpunktes des Synchronisiervorgangs angegeben werden als

$$\overline{t_{sync}} = 0{,}5 \cdot t_{Wortlänge} \tag{3.3}$$

Es ist zu erkennen, dass sich Datenfehler zwangsläufig auf die Synchronisation auswirken. Außerdem ist diese Codierung im Gegensatz zur Blocksynchronisation erheblich redundanzbehaftet. Weitere Details dazu findet man u.a. in [8].

Aufgabe 3.5 *Zeigen Sie, warum für kommafreie Codes die Einhaltung der Nicht-Periodizität gefordert ist!*

Lösung. Fügt man zwei periodische Codewörter zu einer Datenfolge zusammen, so erkennt man, dass der Inhalt des Bewertungsfensters nicht nur in den beiden zulässigen Positionen einem richtigen Codewort entspricht, sondern dass auch im Bereich dazwischen (falsche) Codewörter erkannt werden können. Die Zahl der im Zwischenbereich erkannten falschen Codewörter hängt von der Größe q ab. Die folgende Abbildung veranschaulicht den Versuch der kommafreien Decodierung eines zweimal gesendeten periodischen Codewortes $a = 100100$, mit $q = 2$.

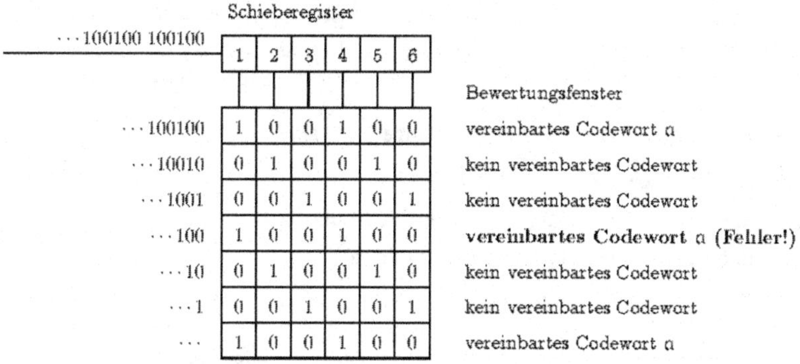

Aufgabe 3.6 *Zeigen Sie, warum für kommafreie Codes die Einhaltung der Äquivalenzklasse gefordert ist!*

Lösung. Wir gehen von einem Codewort $a = 1011$ aus und bilden vorweg dessen Permutationen.

1011	0. Permutation (Codewort)
0111	1. Permutation
1110	2. Permutation
1101	3. Permutation
1011	0. Permutation (Codewort)

Fügt man nun das Codewort mit einer seiner Permutationen zusammen, so werden Codewörter erkannt, die als solche nicht beabsichtigt waren. Diese Fehlerkennungen veranschaulicht folgende Abbildung für die Datenfolge, die aus dem gegebenen Codewort $a = 1011$ und seiner 3. Permutation $b = 1101$ besteht.

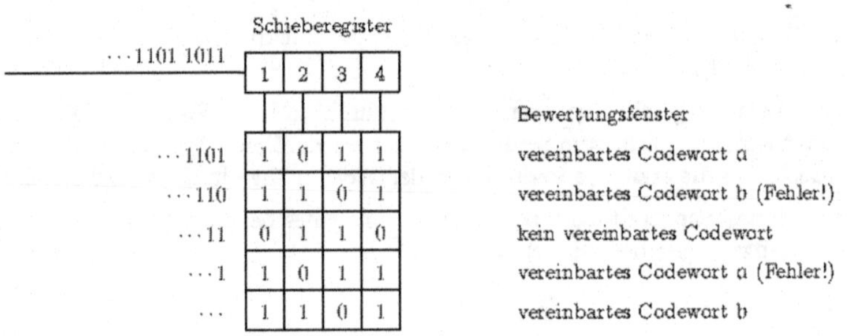

Aufgabe 3.7 *Entwerfen Sie einen kommafreien Code der Wortlänge (a) $l = 3$, (b) $l = 4$ und (c) $l = 5$!*

Lösung.

(a) Kommafreier Code mit der Wortlänge $l = 3$:

	Codewort	1. Perm.	2. Perm.	Bemerkung
1	000	—	—	nicht erlaubt (Periodizität!)
2	001	010	100	**vereinbartes Codewort**
3	010	—	—	Permutation von 2
4	011	110	101	**vereinbartes Codewort**
5	100	—	—	Permutation von 2
6	101	—	—	Permutation von 3
7	110	—	—	Permutation von 3
8	111	—	—	nicht erlaubt (Periodizität!)

Weitere kommafreie Codes mit der Wortlänge $l = 3$ sind:

- 001 und 110, sowie 001 und 101
- 010 und 011, 010 und 110, nicht jedoch 010 und 101
- 100 und 011, 100 und 110, sowie 100 und 101

(b) Kommafreier Code mit der Wortlänge $l = 4$:

	Codewort	1. Perm.	2. Perm.	3. Perm.	Bemerkung
1	0000	—	—	—	nicht erlaubt (Periodizität!)
2	0001	0010	0100	1000	**vereinbartes Codewort**
3	0010	—	—	—	Permutation von 2
4	0011	0110	1100	1001	**vereinbartes Codewort**
5	0100	—	—	—	Permutation von 2
6	0101	—	—	—	nicht erlaubt (Periodizität!)
7	0110	—	—	—	Permutation von 3
8	0111	1110	1101	1011	**vereinbartes Codewort**
9	1000	—	—	—	Permutation von 2
10	1001	—	—	—	Permutation von 3
11	1010	—	—	—	nicht erlaubt (Periodizität!)
12	1011	—	—	—	Permutation von 8
13	1100	—	—	—	Permutation von 3
14	1101	—	—	—	Permutation von 8
15	1110	—	—	—	Permutation von 8
16	1111	—	—	—	nicht erlaubt (Periodizität!)

(c) Kommafreier Code mit der Wortlänge $l = 5$:

	Codewort	1. Perm.	2. Perm.	3. Perm.	4. Perm.	Bemerkung
1	00000	—	—	—	—	nicht erlaubt (Periodizität!)
2	00001	00010	00100	01000	10000	**vereinbartes Codewort**
3	00010	—	—	—	—	Permutation von 2
4	00011	00110	01100	11000	10001	**vereinbartes Codewort**
5	00100	—	—	—	—	Permutation von 2
6	00101	01010	10100	01001	10010	**vereinbartes Codewort**
7	00110	—	—	—	—	Permutation von 4
8	00111	01110	11100	11001	10011	**vereinbartes Codewort**
9	01000	—	—	—	—	Permutation von 2
10	01001	—	—	—	—	Permutation von 6
11	01010	—	—	—	—	Permutation von 4
12	01011	10110	01101	11010	10101	**vereinbartes Codewort**
13	01100	—	—	—	—	Permutation von 3
14	01101	—	—	—	—	Permutation von 12
15	01110	—	—	—	—	Permutation von 8
16	01111	11110	11101	11011	10111	**vereinbartes Codewort**
17	10000	—	—	—	—	Permutation von 2
18	10001	—	—	—	—	Permutation von 4
19	10010	—	—	—	—	Permutation von 6
20	10011	—	—	—	—	Permutation von 8
21	10100	—	—	—	—	Permutation von 6
22	10101	—	—	—	—	Permutation von 12
23	10110	—	—	—	—	Permutation von 12
24	10111	—	—	—	—	Permutation von 16
25	11000	—	—	—	—	Permutation von 4
26	11001	—	—	—	—	Permutation von 8
27	11010	—	—	—	—	Permutation von 12
28	11011	—	—	—	—	Permutation von 16
29	11100	—	—	—	—	Permutation von 8
30	11101	—	—	—	—	Permutation von 16
31	11110	—	—	—	—	Permutation von 16
32	11111	—	—	—	—	nicht erlaubt (Periodizität!)

Aufgabe 3.8 *Wie lange dauert die Synchronisation bei Verwendung eines kommafreien Codes mit Wortlänge $l = 4$ nach dem Einschalten (a) im günstigsten und (b) im ungünstigsten Fall?*

Lösung.

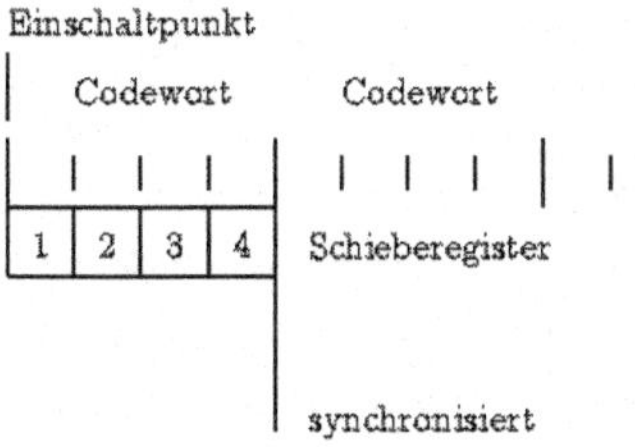

(a)

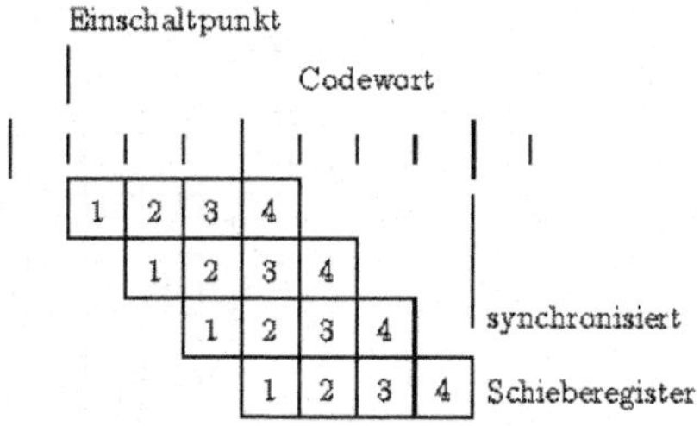

(b)

Aufgabe 3.9 *Stellen Sie fest, ob bei dem vorgelegten Ausschnitt aus einer seriellen, binären Nachrichtenübertragung eine trennzeichenfreien Codierung vorliegt und benutzen Sie dazu die gegebene Codetabelle eines Codes mit einer Wortlänge* $l = 8$.

Zeichen	Codewort	Zeichen	Codewort
1	00000001	16	10100100
2	10000001	17	11001001
3	10000010	18	10101100
4	10000011	19	10100101
5	01000010	20	10111100
6	11000010	21	10100110
7	10000110	22	11001101
8	10000111	23	11001110
9	10001001	24	10100111
10	01000101	25	11001111
11	11000101	26	10101110
12	10001100	27	10101101
13	10001101	28	10111110
14	10001110	29	10111101
15	10001111	30	10111111

Der Ausschnitt aus dem seriellen Bitstrom lautet:

$$\cdots\ 0\ 0\ 0\ 0\ 1\ 1\ 0\ 0\ 0\ 0\ 0\ 1\ 0\ 0\ 1\ 0\ 0\ 0\ 0\ 1\ 0\ 1\ 0\ 0\ \cdots$$

Lösung. Es liegt eine trennzeichenfreie Codierung der Zeichen '5' und '3' vor.

Schieberegister

···00001100 00010010 00010100···

	1	2	3	4	5	6	7	8	Bewertungsfenster
···00001100 00010010	0	0	0	1	0	1	0	0	kein vereinbartes Codewort
···00001100 0001001	0	0	0	0	1	0	1	0	kein vereinbartes Codewort
···00001100 000100	1	0	0	0	0	1	0	1	kein vereinbartes Codewort
···00001100 00010	0	1	0	0	0	0	1	0	**vereinbartes Codewort ('5')**
···00001100 0001	0	0	1	0	0	0	0	1	kein vereinbartes Codewort
···00001100 000	1	0	0	1	0	0	0	0	kein vereinbartes Codewort
···00001100 00	0	1	0	0	1	0	0	0	kein vereinbartes Codewort
···00001100 0	0	0	1	0	0	1	0	0	kein vereinbartes Codewort
···00001100	0	0	0	1	0	0	1	0	kein vereinbartes Codewort
···0000110	0	0	0	0	1	0	0	1	kein vereinbartes Codewort
···000011	0	0	0	0	0	1	0	0	kein vereinbartes Codewort
···00001	1	0	0	0	0	0	1	0	**vereinbartes Codewort ('3')**
···0000	1	1	0	0	0	0	0	1	kein vereinbartes Codewort
···000	0	1	1	0	0	0	0	0	kein vereinbartes Codewort
···00	0	0	1	1	0	0	0	0	kein vereinbartes Codewort
···0	0	0	0	1	1	0	0	0	kein vereinbartes Codewort
···	0	0	0	0	1	1	0	0	kein vereinbartes Codewort

4 Zahlendarstellungen

Dieses Kapitel beschäftigt sich mit der Darstellung und Umrechnung von Zahlen von einem gegebenen Quellsystem in ein gewünschtes Zielsystem. Für die Informatik von besonderer Bedeutung ist das *Dualzahlensystem* (Basis 2), dessen Grundstock Gottfried Wilhelm Freiherr von Leibniz (1646-1716) gelegt hat [14]. Dieses Zahlensystem (auch unter dem Namen Binärsystem oder dyadisches Zahlensystem bekannt) benötigt zur Darstellung von Zahlen nur zwei unterscheidbare Zeichen, nämlich 0 und 1. Den arithmetischen Grundoperationen im Binärsystem ist ein eigenes Unterkapitel gewidmet. Abschließend werden Darstellungsformen für negative Zahlen erläutert. Zur Einstimmung auf dieses Kapitel zeigt nachfolgende Abbildung die Entwürfe für zwei Medaillons aus dem Jahre 1697, auf denen die „Rechnung mit Nullen und Einsen" – von Leibniz auch im Sinne seiner Metaphysik interpretiert – als Zahlentafel dargestellt ist.

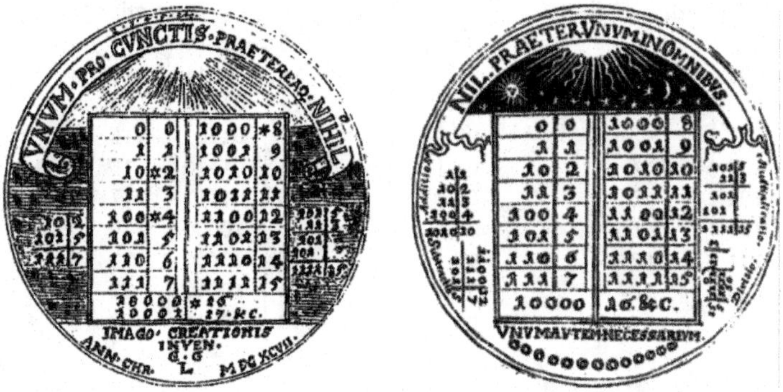

Abbildung 4.1: Entwürfe zu Medaillons aus der Zeit von Leibniz

4.1 Zahlensysteme

Das b–äre System hat b Ziffern (0 bis $b-1$). Zahlen bestehen im b-ären System aus den Ziffern des Systems. Eine n-stellige ganze Zahl u zur Basis b kann wie folgt angeschrieben werden

$$\begin{aligned} u &= (u_{n-1}u_{n-2}\ldots u_2u_1u_0)_b \\ &= u_{n-1}\cdot b^{n-1} + u_{n-2}\cdot b^{n-2} + \cdots + u_2\cdot b^2 + u_1\cdot b^1 + u_0\cdot b^0 \\ &= \sum_{i=0}^{n-1} u_i\cdot b^i, \end{aligned} \tag{4.1}$$

mit Ziffern $u_i \in \{0,\ldots,b-1\}$.

Für eine Zahl u mit m Nachkommastellen, deren Vorkommateil 0 ist, gilt

$$\begin{aligned} u &= (0.u_{-1}u_{-2}\ldots u_{-m})_b \\ &= u_{-1}\cdot b^{-1} + u_{-2}\cdot b^{-2} + \cdots + u_{-m}\cdot b^{-m} \\ &= \sum_{i=-1}^{-m} u_i\cdot b^i, \end{aligned} \tag{4.2}$$

mit Ziffern $u_i \in \{0,\ldots,b-1\}$.

Somit kann eine Zahl u im b−ären System folgendermaßen wiedergegeben werden

$$\begin{aligned} u &= (u_{n-1}\dots u_1 u_0.u_{-1}u_{-2}\dots u_{-m})_b \\ &= u_{n-1}\cdot b^{n-1}+\dots+u_1\cdot b^1+u_0\cdot b^0.u_{-1}\cdot b^{-1}+u_{-2}\cdot b^{-2}+\dots+u_{-m}\cdot b^{-m} \\ &= \sum_{i=-m}^{n-1} u_i\cdot b^i, \end{aligned} \quad (4.3)$$

mit Ziffern $u_i \in \{0,\dots,b-1\}$.

Aufgabe 4.1 *Stellen Sie die Zahlen 0 bis 19 im dezimalen (Basis 10), binären (Basis 2), oktalen (Basis 8) und hexadezimalen (Basis 16) Zahlensystem dar.*

Lösung.

Dezimale	Binäre	Oktale	Hexadezimale
	Darstellung		
0	00000	00	00
1	00001	01	01
2	00010	02	02
3	00011	03	03
4	00100	04	04
5	00101	05	05
6	00110	06	06
7	00111	07	07
8	01000	10	08
9	01001	11	09

Dezimale	Binäre	Oktale	Hexadezimale
	Darstellung		
10	01010	12	0A
11	01011	13	0B
12	01100	14	0C
13	01101	15	0D
14	01110	16	0E
15	01111	17	0F
16	10000	20	10
17	10001	21	11
18	10010	22	12
19	10011	23	13

Aufgabe 4.2 *Stellen Sie die Zahlen 0 bis 19 im 10-er (Basis 10), 3-er (Basis 3), 7-er (Basis 7) und 9-er (Basis 9) Zahlensystem dar.*

Lösung.

10-er	3-er	7-er	9-er
	Darstellung		
0	000	00	00
1	001	01	01
2	002	02	02
3	010	03	03
4	011	04	04
5	012	05	05
6	020	06	06
7	021	10	07
8	022	11	08
9	100	12	10

10-er	3-er	7-er	9-er
	Darstellung		
10	101	13	11
11	102	14	12
12	110	15	13
13	111	16	14
14	112	20	15
15	120	21	16
16	121	22	17
17	122	23	18
18	200	24	20
19	201	25	21

4.2 Ganze Zahlen – Rechnen im Quellsystem

Eine ganze Zahl u im b-ären System wird durch folgende Rechnungen im b-ären System in eine ganze Zahl U des B-ären Systems umgewandelt.

$$\begin{aligned} U_0 &= u \bmod B \\ U_1 &= \lfloor u/B \rfloor \bmod B \\ U_2 &= \lfloor \lfloor u/B \rfloor /B \rfloor \bmod B \\ & \dots , \end{aligned} \tag{4.4}$$

wobei der Vorgang abzubrechen ist, wenn $\lfloor \cdots \lfloor \lfloor u/B \rfloor /B \rfloor \cdots /B \rfloor = 0$. Dabei bedeutet $a \bmod b$ den Rest der Division von a durch b. Der Ausdruck $\lfloor x \rfloor$ steht für die größte ganze Zahl kleiner oder gleich x. Nachdem im b-ären System gerechnet wird, nennt man diesen Vorgang *Rechnen im Quellsystem.*

Aufgabe 4.3 *Wandeln Sie* $(25)_7$ *in das 3-er System um und rechnen Sie dabei im* Quellsystem*!*

Lösung.

(a) Umwandeln der Zahl $(10)_3$ in Quelldarstellung $(3)_7$.

(b) Berechnung:

$$\begin{aligned} U_0 &= (25)_7 \bmod (3)_7 &&= (1)_7 \\ U_1 &= \lfloor (25)_7/(3)_7 \rfloor \bmod (3)_7 &&= (6)_7 \bmod (3)_7 &&= (0)_7 \\ U_2 &= \lfloor (6)_7/(3)_7 \rfloor \bmod (3)_7 &&= (2)_7 \bmod (3)_7 &&= (2)_7 \\ & \lfloor (2)_7/(3)_7 \rfloor &&= 0 &&\Rightarrow \text{Abbruch} \end{aligned}$$

(c) Umwandeln der Ziffern U_0, U_1 und U_2 und Zusammenstellen der entstandenen Zahl.

$$\begin{aligned} U_0 &= (1)_7 = (1)_3 \\ U_1 &= (0)_7 = (0)_3 \quad \Rightarrow \quad (25)_7 = (201)_3 \\ U_2 &= (2)_7 = (2)_3 \end{aligned}$$

Aufgabe 4.4 *Die Zahl* u *habe die Quelldarstellung* $(21)_{10}$. *Gesucht ist die Zieldarstellung der Zahl* U *(1) im 3-er System und (2) im 9-er System. Rechnen Sie im* Quellsystem *und überprüfen Sie die entstandenen Ergebnisse!*

Lösung.

1. (a) Umwandeln der Zahl $(10)_3$ in Quelldarstellung $(3)_{10}$.

   (b) Berechnung:

   $$\begin{aligned} U_0 &= (21)_{10} \bmod (3)_{10} &&= (0)_{10} \\ U_1 &= \lfloor (21)_{10}/(3)_{10} \rfloor \bmod (3)_{10} &&= (7)_{10} \bmod (3)_{10} &&= (1)_{10} \\ U_2 &= \lfloor (7)_{10}/(3)_{10} \rfloor \bmod (3)_{10} &&= (2)_{10} \bmod (3)_{10} &&= (2)_{10} \\ & \lfloor (2)_{10}/(3)_{10} \rfloor &&= 0 &&\Rightarrow \text{Abbruch} \end{aligned}$$

   (c) Umwandeln der Ziffern U_0, U_1 und U_2 und Zusammenstellen der entstandenen Zahl.

   $$\begin{aligned} U_0 &= (0)_{10} = (0)_3 \\ U_1 &= (1)_{10} = (1)_3 \quad \Rightarrow \quad (21)_{10} = (210)_3 \\ U_2 &= (2)_{10} = (2)_3 \end{aligned}$$

2. (a) Umwandeln der Zahl $(10)_9$ in Quelldarstellung $(9)_{10}$.

   (b) Berechnung:
   $$U_0 = (21)_{10} \bmod (9)_{10} \qquad = (3)_{10}$$
   $$U_1 = \lfloor (21)_{10}/(9)_{10} \rfloor \bmod (9)_{10} = (2)_{10} \bmod (9)_{10} = (2)_{10}$$
   $$\lfloor (2)_{10}/(9)_{10} \rfloor \qquad = 0 \qquad \Rightarrow \text{ Abbruch}$$

   (c) Umwandeln der Ziffern U_0 und U_1 und Zusammenstellen der entstandenen Zahl.
   $$U_0 = (3)_{10} = (3)_9$$
   $$U_1 = (2)_{10} = (2)_9 \Rightarrow (21)_{10} = (23)_9$$

Zur Überprüfung, ob die Aussage $(210)_3 = (23)_9$ wahr ist, kann man folgendermaßen vorgehen. Da $9 = 3^2$ ist, bündeln wir von der kleinsten Stelle beginnend immer 2 Ziffern des 3-er Systems. Die letzten beiden Ziffern der Zahl U im 3-er System sind $(10)_3$ und entsprechen daher $(3)_9$ im 9-er System. Die erste Ziffer wird mit einer führenden Null zu $(02)_3$ ergänzt und ebenfalls zu $(2)_9$ umgewandelt, womit die Zahl $(23)_9$ entsteht und obige Aussage bestätigt ist.

Aufgabe 4.5 *Die Zahl u habe die Quelldarstellung $(24)_{10}$. Gesucht ist die Zieldarstellung der Zahl U (1) im binären, (2) im oktalen und (3) im hexadezimalen System. Rechnen Sie im Quellsystem und überprüfen Sie die entstandenen Ergebnisse!*

Lösung.

1. (a) Umwandeln der Zahl $(10)_2$ in Quelldarstellung $(2)_{10}$.

   (b) Berechnung:
   $$U_0 = (24)_{10} \bmod (2)_{10} \qquad = (0)_{10}$$
   $$U_1 = \lfloor (24)_{10}/(2)_{10} \rfloor \bmod (2)_{10} = (12)_{10} \bmod (2)_{10} = (0)_{10}$$
   $$U_2 = \lfloor (12)_{10}/(2)_{10} \rfloor \bmod (2)_{10} = (6)_{10} \bmod (2)_{10} = (0)_{10}$$
   $$U_3 = \lfloor (6)_{10}/(2)_{10} \rfloor \bmod (2)_{10} = (3)_{10} \bmod (2)_{10} = (1)_{10}$$
   $$U_4 = \lfloor (3)_{10}/(2)_{10} \rfloor \bmod (2)_{10} = (1)_{10} \bmod (2)_{10} = (1)_{10}$$
   $$\lfloor (1)_{10}/(2)_{10} \rfloor \qquad = 0 \qquad \Rightarrow \text{ Abbruch}$$

   (c) Umwandeln der Ziffern U_0 bis U_4 und Zusammenstellen der entstandenen Zahl.
   $$U_0, U_1, U_2 = (0)_{10} = (0)_2$$
   $$U_3, U_4 = (1)_{10} = (1)_2 \Rightarrow (24)_{10} = (11000)_2$$

2. (a) Umwandeln der Zahl $(10)_8$ in Quelldarstellung $(8)_{10}$.

   (b) Berechnung:
   $$U_0 = (24)_{10} \bmod (8)_{10} \qquad = (0)_{10}$$
   $$U_1 = \lfloor (24)_{10}/(8)_{10} \rfloor \bmod (8)_{10} = (3)_{10} \bmod (8)_{10} = (3)_{10}$$
   $$\lfloor (3)_{10}/(8)_{10} \rfloor \qquad = 0 \qquad \Rightarrow \text{ Abbruch}$$

   (c) Umwandeln der Ziffern U_0 und U_1 und Zusammenstellen der entstandenen Zahl.
   $$U_0 = (0)_{10} = (0)_8$$
   $$U_1 = (3)_{10} = (3)_8 \Rightarrow (24)_{10} = (30)_8$$

3. (a) Umwandeln der Zahl $(10)_{16}$ in Quelldarstellung $(16)_{10}$.

   (b) Berechnung:
   $$U_0 = (24)_{10} \bmod (16)_{10} \qquad = (8)_{10}$$
   $$U_1 = \lfloor (24)_{10}/(16)_{10} \rfloor \bmod (16)_{10} = (1)_{10} \bmod (16)_{10} = (1)_{10}$$
   $$\lfloor (1)_{10}/(16)_{10} \rfloor \qquad = 0 \qquad \Rightarrow \text{ Abbruch}$$

(c) Umwandeln der Ziffern U_0 und U_1 und Zusammenstellen der entstandenen Zahl.

$$\begin{aligned} U_0 &= (8)_{10} = (8)_{16} \\ U_1 &= (1)_{10} = (1)_{16} \quad \Rightarrow \quad (24)_{10} = (18)_8 \end{aligned}$$

Zur Überprüfung, ob die Aussage $(11000)_2 = (30)_8$ wahr ist, gruppieren wir die Zahl U im binären System zu Dreierblöcken ($2^3 = 8$) und ergänzen sie mit führenden Nullen: $(011\ 000)_2$.

Zur Überprüfung, ob die Aussage $(11000)_2 = (18)_{16}$ wahr ist, gruppieren wir die Zahl U im binären System zu Viererblöcken ($2^4 = 16$) und ergänzen sie mit führenden Nullen: $(0001\ 1000)_2$.

Nun konvertieren wir jede Gruppe für sich und erhalten die Bestätigung der obigen Aussage.

4.3 Ganze Zahlen – Rechnen im Zielsystem

Eine ganze Zahl u im b-ären System wird durch folgende Rechnungen im B-ären System in eine ganze Zahl U des B-ären Systems umgewandelt.

Die Zahl u habe die b-äre Darstellung $(u_{n-1} \dots u_1 u_0)_b$. Die einzelnen Ziffern u_i und die Basis b sind zunächst in das B-äre System umzuwandeln. U sei die Darstellung von u im B-ären System. Dann gilt:

$$U = U_{n-1} \cdot b^{n-1} + U_{n-2} \cdot b^{n-2} + \dots + U_1 \cdot b^1 + U_0 \cdot b^0, \tag{4.5}$$

wobei die Berechnungen im B-ären System durchgeführt werden. Alternativ kann man das Polynom auch folgendermaßen auswerten

$$((\dots(U_{n-1} \cdot b + U_{n-2}) \cdot b + \dots) \cdot b + U_1) \cdot b + U_0 \tag{4.6}$$

Dieses Verfahren der Mathematik wird nach William George Horner (1786-1837) *Hornerschema* genannt. Da die Berechnungen im B-ären System erfolgen, spricht man bei dieser Vorgangsweise von *Rechnen im Zielsystem*.

Aufgabe 4.6 *Wandeln Sie $(25)_7$ in das 3-er System um und rechnen Sie im Zielsystem!*

Lösung.

(a) Umwandeln der Ziffern $(2)_7$ und $(5)_7$ in Zieldarstellung $(2)_3$ und $(12)_3$.

(b) Umwandeln der Basis $(10)_7$ in $(21)_3$.

(c) Berechnung:

$$\begin{aligned} U &= (2)_3 \cdot (21^1)_3 + (12)_3 \cdot (21^0)_3 \\ &= (112)_3 + (12)_3 \\ &= (201)_3 \end{aligned}$$

Aufgabe 4.7 *Wandeln Sie $(25)_7$ in das 3-er System um, rechnen Sie im Zielsystem und wenden Sie das* Hornerschema *an!*

Lösung.

(a) Umwandeln der Ziffern $(2)_7$ und $(5)_7$ in Zieldarstellung $(2)_3$ und $(12)_3$.

(b) Umwandeln der Basis $(10)_7$ in $(21)_3$.

(c) Berechnung:

$$U = ((2)_3 \cdot (21)_3) + (12)_3 = (112)_3 + (12)_3 = (201)_3$$

Aufgabe 4.8 *Die Zahl* u *habe die Quelldarstellung* $(21)_{10}$. *Gesucht ist die Zieldarstellung der Zahl* U *(1) im 3-er System und (2) im 9-er System. Rechnen Sie im* Zielsystem*!*

Lösung.

1. (a) Umwandeln der Ziffern $(2)_{10}$ und $(1)_{10}$ in Zieldarstellung $(2)_3$ und $(1)_3$.
   (b) Umwandeln der Basis $(10)_{10}$ in $(201)_3$.
   (c) Berechnung:
   $$\mathsf{U} = ((2)_3 \cdot (101)_3) + (1)_3 = (202)_3 + (1)_3 = (210)_3$$
2. (a) Umwandeln der Ziffern $(2)_{10}$ und $(1)_{10}$ in Zieldarstellung $(2)_9$ und $(1)_9$.
   (b) Umwandeln der Basis $(10)_{10}$ in $(11)_9$.
   (c) Berechnung:
   $$\mathsf{U} = ((2)_9 \cdot (11)_9) + (1)_9 = (22)_9 + (1)_9 = (23)_9$$

Aufgabe 4.9 *Die Zahl* u *habe die Quelldarstellung* $(24)_{10}$. *Gesucht ist die Zieldarstellung der Zahl* U *(1) im binären, (2) im oktalen und (3) im hexadezimalen System. Rechnen Sie im* Quellsystem *und überprüfen Sie die entstandenen Ergebnisse!*

Lösung.

1. Für die nachfolgenden Rechnungen setzen wir arithmetische Operationen im Binärsystem voraus. Details dazu in Kapitel 4.6.
   (a) Umwandeln der Ziffern $(2)_{10}$ und $(4)_{10}$ in Zieldarstellung $(10)_2$ und $(100)_2$.
   (b) Umwandeln der Basis $(10)_{10}$ in $(1010)_2$.
   (c) Berechnung:
   $$\mathsf{U} = ((10)_2 \cdot (1010)_2) + (100)_2 = (10100)_2 + (100)_2 = (11000)_2$$
2. (a) Umwandeln der Ziffern $(2)_{10}$ und $(4)_{10}$ in Zieldarstellung $(2)_8$ und $(4)_8$.
   (b) Umwandeln der Basis $(10)_{10}$ in $(12)_8$.
   (c) Berechnung:
   $$\mathsf{U} = ((2)_8 \cdot (12)_8) + (4)_8 = (24)_8 + (4)_8 = (30)_8$$
3. (a) Umwandeln der Ziffern $(2)_{10}$ und $(4)_{10}$ in Zieldarstellung $(2)_{16}$ und $(4)_{16}$.
   (b) Umwandeln der Basis $(10)_{10}$ in $(A)_{16}$.
   (c) Berechnung:
   $$\mathsf{U} = ((2)_{16} \cdot (A)_{16}) + (4)_{16} = (14)_{16} + (4)_{16} = (18)_{16}$$

Aufgabe 4.10 *Wandeln Sie die Zahl* $(131)_{10}$ *in das Binärsystem um, wobei die Zwischenschritte ebenfalls anzugeben sind. Die Berechnungen sind (1) im Binärsystem und (2) im Dezimalsystem durchzuführen.*

Lösung.

1. Im folgenden werden die Berechnungen im Binärsystem (Zielsystem) durchgeführt:
   $$\mathsf{U} = ((1)_2 \cdot (1010)_2 + (11)_2) \cdot (1010)_2 + (1)_2 = (10000011)_2$$

2. Im folgenden werden die Berechnungen im Dezimalsystem (Quellsystem) durchgeführt:

U_0 : $(131)_{10} \bmod (2)_{10} = (1)_{10} = (1)_2$ $\lfloor (131)_{10}/(2)_{10} \rfloor = (65)_{10}$

U_1 : $(65)_{10} \bmod (2)_{10} = (1)_{10} = (1)_2$ $\lfloor (65)_{10}/(2)_{10} \rfloor = (32)_{10}$

U_2 : $(32)_{10} \bmod (2)_{10} = (0)_{10} = (0)_2$ $\lfloor (32)_{10}/(2)_{10} \rfloor = (16)_{10}$

U_3 : $(16)_{10} \bmod (2)_{10} = (0)_{10} = (0)_2$ $\lfloor (16)_{10}/(2)_{10} \rfloor = (8)_{10}$

U_4 : $(8)_{10} \bmod (2)_{10} = (0)_{10} = (0)_2$ $\lfloor (8)_{10}/(2)_{10} \rfloor = (4)_{10}$

U_5 : $(4)_{10} \bmod (2)_{10} = (0)_{10} = (0)_2$ $\lfloor (4)_{10}/(2)_{10} \rfloor = (2)_{10}$

U_6 : $(2)_{10} \bmod (2)_{10} = (0)_{10} = (0)_2$ $\lfloor (2)_{10}/(2)_{10} \rfloor = (1)_{10}$

U_7 : $(1)_{10} \bmod (2)_{10} = (1)_{10} = (1)_2$

$$U = (10000011)_2$$

Aufgabe 4.11 *Wandeln Sie die Zahl $(10110111)_2$ in das Dezimalsystem um, wobei die Zwischenschritte ebenfalls anzugeben sind. Die Berechnungen sind (1) im Binärsystem und (2) im Dezimalsystem durchzuführen.*

Lösung.

1. Im folgenden werden die Berechnungen im Binärsystem durchgeführt:

$U_0 = (10110111)_2 \bmod (1010)_2 = (11)_2 = (3)_{10}$

$\qquad \lfloor (10110111)_2/(1010)_2 \rfloor = (10010)_2$

$U_1 = (10010)_2 \bmod (1010)_2 = (1000)_2 = (8)_{10}$

$\qquad \lfloor (10010)_2/(1010)_2 \rfloor = (1)_2$

$U_2 = (1)_2 \bmod (1010)_2 = (1)_2 = (1)_{10}$

$\qquad \lfloor (1)_2/(1010)_2 \rfloor = (0)_2 \Rightarrow$ Abbruch

$U = (183)_{10}$

2. Im folgenden werden die Berechnungen im Dezimalsystem durchgeführt:

u_0 : $(1)_{10} \cdot (2^0)_{10} = (1)_{10}$

u_1 : $(1)_{10} \cdot (2^1)_{10} = (2)_{10}$

u_2 : $(1)_{10} \cdot (2^2)_{10} = (4)_{10}$

u_3 : $(0)_{10} \cdot (2^3)_{10} = (0)_{10}$

u_4 : $(1)_{10} \cdot (2^4)_{10} = (16)_{10}$

u_5 : $(1)_{10} \cdot (2^5)_{10} = (32)_{10}$

u_6 : $(0)_{10} \cdot (2^6)_{10} = (0)_{10}$

u_7 : $(1)_{10} \cdot (2^7)_{10} = (128)_{10}$

Aus der Summe $1 + 2 + 4 + 16 + 32 + 128$ ergibt sich 183 als Lösung.

Durch die Verwendung des Hornerschemas kann man die Berechnung der Zweierpotenzen umgehen:

$$U = (((((((1 \cdot 2 + 0) \cdot 2 + 1) \cdot 2 + 1) \cdot 2 + 0) \cdot 2 + 1) \cdot 2 + 1) \cdot 2 + 1 = 183$$

Aufgabe 4.12 *Wozu verwendet man das Hornerschema?*

Lösung. Man verwendet das *Hornerschema* zur Berechnung von Polynomen

$$U_m \cdot b^m + U_{m-1} \cdot b^{m-1} + \cdots + U_1 \cdot b^1 + U_0 \cdot b^0$$

in folgender Form:

$$U = ((\ldots (U_m \cdot b + U_{m-1}) \cdot b + \ldots) \cdot b + U_1) \cdot b + U_0$$

Dadurch „erspart" man sich das Potenzieren.

Aufgabe 4.13 *Verwenden Sie das Hornerschema, um $4 \cdot 8^4 + 7 \cdot 8^2 + 1 \cdot 8^1 + 2 \cdot 8^0$ zu berechnen.*

Lösung. $((((4 \cdot 8) + 0) \cdot 8 + 7) \cdot 8 + 1) \cdot 8 + 2 = 16842$

4.4 Zahlen mit Nachkommastellen – Rechnen im Quellsystem

Sei u eine Zahl mit Nachkommastellen, deren Vorkommateil gleich 0 ist, und die im b-ären Zahlensystem gegeben ist. Die Darstellung der Zahl u im B-ären Zahlensystem $(0.U_{-1}U_{-2}\ldots)_B$ kann folgendermaßen berechnet werden

$$\begin{aligned} U_{-1} &= \lfloor u \cdot B \rfloor \\ U_{-2} &= \lfloor \{u \cdot B\} \cdot B \rfloor \\ U_{-3} &= \lfloor \{\{u \cdot B\} \cdot B\} \cdot B \rfloor \\ &\ldots , \end{aligned}$$

wobei $\{x\} = x - \lfloor x \rfloor$ die Nachkommastellen der Zahl x beschreibt. Der Ausdruck $\lfloor x \rfloor$ steht wieder für die größte ganze Zahl kleiner oder gleich x. Anschließend müssen die Zahlen U_i in Ziffern des B-ären Systems umgewandelt werden. Da die Berechnungen im b-ären System erfolgen, spricht man bei dieser Vorgangsweise wieder von *Rechnen im Quellsystem*.

Aufgabe 4.14 *Wandeln Sie* $(0.3)_8$ *in das Binärsystem um und rechnen Sie dabei im* Quellsystem*!*

Lösung.

(a) Umwandeln der Zahl $(10)_2$ in Quelldarstellung $(2)_8$.

(b) Berechnung:

$$\begin{aligned} U_{-1} &= \lfloor (0.3)_8 \cdot (2)_8 \rfloor &&= \lfloor (0.6)_8 \rfloor &&= (0)_8 \\ U_{-2} &= \lfloor \{(0.6)_8\} \cdot (2)_8 \rfloor &&= \lfloor (0.6)_8 \cdot (2)_8 \rfloor &&= \lfloor (1.4)_8 \rfloor &&= (1)_8 \\ U_{-3} &= \lfloor \{(1.4)_8\} \cdot (2)_8 \rfloor &&= \lfloor (0.4)_8 \cdot (2)_8 \rfloor &&= \lfloor (1.0)_8 \rfloor &&= (1)_8 \\ & \lfloor \{(1.0)_8\} \cdot (2)_8 \rfloor &&= \lfloor (0.0)_8 \cdot (2)_8 \rfloor &&= \lfloor (0.0)_8 \rfloor &&\Rightarrow \text{Abbruch} \end{aligned}$$

(c) Umwandeln der Ziffern U_{-1}, U_{-2} und U_{-3} und Zusammenstellen der entstandenen Zahl.

$$\begin{aligned} U_{-1} &= (0)_8 = (0)_2 \\ U_{-2}, U_{-3} &= (1)_8 = (1)_2 \quad \Rightarrow \quad (0.3)_8 = (0.011)_2 \end{aligned}$$

Aufgabe 4.15 *Die Zahl* u *habe die Quelldarstellung* $(0.5625)_{10}$*. Gesucht ist die Zieldarstellung der Zahl* U *(1) im binären, (2) im oktalen und (3) im hexadezimalen System. Rechnen Sie im* Quellsystem *und überprüfen Sie die entstandenen Ergebnisse!*

Lösung.

1. (a) Umwandeln der Zahl $(10)_2$ in Quelldarstellung $(2)_{10}$.

   (b) Berechnung:

$$\begin{aligned} U_{-1} &= \lfloor (0.5625)_{10} \cdot (2)_{10} \rfloor &&= \lfloor (1.125)_{10} \rfloor &&= (1)_{10} \\ U_{-2} &= \lfloor \{(1.125)_{10}\} \cdot (2)_{10} \rfloor &&= \lfloor (0.125)_{10} \cdot (2)_{10} \rfloor &&= \lfloor (0.25)_{10} \rfloor &&= (0)_{10} \\ U_{-3} &= \lfloor \{(0.25)_{10}\} \cdot (2)_{10} \rfloor &&= \lfloor (0.25)_{10} \cdot (2)_{10} \rfloor &&= \lfloor (0.5)_{10} \rfloor &&= (0)_{10} \\ U_{-4} &= \lfloor \{(0.5)_{10}\} \cdot (2)_{10} \rfloor &&= \lfloor (0.5)_{10} \cdot (2)_{10} \rfloor &&= \lfloor (1.0)_{10} \rfloor &&= (1)_{10} \\ & \lfloor \{(1.0)_{10}\} \cdot (2)_{10} \rfloor &&= \lfloor (0.0)_{10} \cdot (2)_{10} \rfloor &&= \lfloor (0.0)_{10} \rfloor &&\Rightarrow \text{Abbruch} \end{aligned}$$

(c) Umwandeln der Ziffern U_{-1} bis U_{-4} und Zusammenstellen der entstandenen Zahl.

$$\begin{aligned} U_{-1}, U_{-4} &= (1)_{10} = (1)_2 \\ U_{-2}, U_{-3} &= (0)_{10} = (0)_2 \Rightarrow (0.5625)_{10} = (0.1001)_2 \end{aligned}$$

2. (a) Umwandeln der Zahl $(10)_8$ in Quelldarstellung $(8)_{10}$.

   (b) Berechnung:

$$\begin{aligned} U_{-1} &= \lfloor (0.5625)_{10} \cdot (8)_{10} \rfloor = \lfloor (4.5)_{10} \rfloor = (4)_{10} \\ U_{-2} &= \lfloor \{(4.5)_{10}\} \cdot (8)_{10} \rfloor = \lfloor (0.5)_{10} \cdot (8)_{10} \rfloor = \lfloor (4.0)_{10} \rfloor = (0)_{10} \\ & \lfloor \{(4.0)_{10}\} \cdot (8)_{10} \rfloor = \lfloor (0.0)_{10} \cdot (8)_{10} \rfloor = \lfloor (0.0)_{10} \rfloor \Rightarrow \text{Abbruch} \end{aligned}$$

   (c) Umwandeln der Ziffern U_{-1} und U_{-2} und Zusammenstellen der entstandenen Zahl.

$$U_{-1}, U_{-2} = (4)_{10} = (4)_8 \Rightarrow (0.5625)_{10} = (0.44)_8$$

3. (a) Umwandeln der Zahl $(10)_{16}$ in Quelldarstellung $(16)_{10}$.

   (b) Berechnung:

$$\begin{aligned} U_{-1} &= \lfloor (0.5625)_{10} \cdot (16)_{10} \rfloor = \lfloor (9.0)_{10} \rfloor = (9)_{10} \\ & \lfloor \{(9.0)_{10}\} \cdot (16)_{10} \rfloor = \lfloor (0.0)_{10} \cdot (8)_{10} \rfloor = \lfloor (0.0)_{10} \rfloor \Rightarrow \text{Abbruch} \end{aligned}$$

   (c) Umwandeln der Ziffer U_{-1} und Zusammenstellen der entstandenen Zahl.

$$U_{-1} = (9)_{10} = (9)_{16} \Rightarrow (0.5625)_{10} = (0.9)_8$$

Zur Überprüfung, ob die Aussage $(0.1001)_2 = (0.44)_8$ wahr ist, gruppieren wir die Zahl U im binären System zu Dreierblöcken ($2^3 = 8$) und ergänzen den Nachkommateil um weiterführende Nullen: $(0.100\ 100)_2$.

Zur Überprüfung, ob die Aussage $(0.1001)_2 = (0.9)_{16}$ wahr ist, gruppieren wir die Zahl U im binären System zu Viererblöcken ($2^4 = 16$): $(0.1001)_2$.

Nun konvertieren wir jede Gruppe für sich und erhalten die Bestätigung der obigen Aussage.

4.5 Zahlen mit Nachkommastellen – Rechnen im Zielsystem

Sei u eine Zahl mit Nachkommastellen, deren Vorkommateil gleich 0 ist, und die im b-ären Zahlensystem gegeben ist. Die Darstellung der Zahl u im B-ären Zahlensystem $(0.U_{-1}U_{-2}\ldots U_{-m})_B$ kann folgendermaßen berechnet werden.

Die einzelnen Ziffern u_i und die Basis b sind zunächst in das B-äre System umzuwandeln. U sei die Darstellung von u im B-ären System. Dann gilt:

$$U = U_{-1} \cdot b^{-1} + U_{-2} \cdot b^{-2} + \cdots + U_{-(m-1)} \cdot b^{-(m-1)} + U_{-m} \cdot b^{-m} \tag{4.7}$$

Alternativ kann man das Polynom auch folgendermaßen auswerten:

$$((\cdots(U_{-m}/b + U_{-(m-1)})/b + \cdots + U_{-2})/b + U_{-1})/b \tag{4.8}$$

Da die Berechnungen im B-ären System erfolgen, spricht man bei dieser Vorgangsweise von *Rechnen im Zielsystem*.

Aufgabe 4.16 *Wandeln Sie $(0.3)_8$ in das Binärsystem um und rechnen Sie im Zielsystem!*

Lösung. Für die nachfolgenden Rechnungen setzen wir arithmetische Operationen im Binärsystem voraus. Details dazu in Kapitel 4.6.

(a) Umwandeln der Ziffer $(3)_8$ in Zieldarstellung $(11)_2$.

(b) Umwandeln der Basis $(10)_8$ in $(100)_2$.

(c) Berechnung:

$$\begin{aligned} \mathsf{U} &= (1)_2 \cdot (100^{-1})_2 + (1)_2 \cdot (100^{-2})_2 \\ &= (1)_2 \cdot (0.100)_2 + (1)_2 \cdot (0.000100)_2 \\ &= (0.100)_2 + (0.0001)_2 \\ &= (0.1001)_2 \end{aligned}$$

Aufgabe 4.17 *Die Zahl* u *habe die Quelldarstellung* $(0.10101)_2$. *Gesucht ist die Zieldarstellung der Zahl* U *im Dezimalsystem, wobei Sie die Zwischenschritte ebenfalls angeben. Die Berechnungen sind (1) im Binärsystem und (2) im Dezimalsystem durchzuführen!*

Lösung.

1. Rechnen im Quellsystem:

$$\begin{aligned} \mathsf{U}_{-1} &= \lfloor (0.1010)_2 \cdot (1010)_2 \rfloor &&= \lfloor (110.1001)_2 \rfloor &&= (6)_{10} \\ \mathsf{U}_{-2} &= \lfloor (0.1001)_2 \cdot (1010)_2 \rfloor &&= \lfloor (101.101)_2 \rfloor &&= (5)_{10} \\ \mathsf{U}_{-3} &= \lfloor (0.101)_2 \cdot (1010)_2 \rfloor &&= \lfloor (110.01)_2 \rfloor &&= (6)_{10} \\ \mathsf{U}_{-4} &= \lfloor (0.01)_2 \cdot (1010)_2 \rfloor &&= \lfloor (10.1)_2 \rfloor &&= (2)_{10} \\ \mathsf{U}_{-5} &= \lfloor (0.1)_2 \cdot (1010)_2 \rfloor &&= \lfloor (101.0)_2 \rfloor &&= (5)_{10} \\ &= \lfloor (0.0)_2 \cdot (1010)_2 \rfloor &&= \lfloor (0)_2 \rfloor &&\Rightarrow \text{Abbruch} \end{aligned}$$

Zusammenstellen der entstandenen Zahl: $\mathsf{U} = 0.65625$.

2. Rechnen im Zielsystem:

$$\begin{aligned} \mathsf{u}_{-1}: \ & (1)_{10} \cdot (2^{-1})_{10} &&= (0.5)_{10} \\ \mathsf{u}_{-2}: \ & (0)_{10} \cdot (2^{-2})_{10} &&= (0)_{10} \\ \mathsf{u}_{-3}: \ & (1)_{10} \cdot (2^{-3})_{10} &&= (0.125)_{10} \\ \mathsf{u}_{-4}: \ & (0)_{10} \cdot (2^{-4})_{10} &&= (0)_{10} \\ \mathsf{u}_{-5}: \ & (1)_{10} \cdot (2^{-5})_{10} &&= (0.03125)_{10} \end{aligned}$$

Aus der Summe $0.5 + 0.125 + 0.03125$ ergibt sich 0.65625 als Lösung.

Durch die Verwendung des Hornerschemas kann man die Berechnung der Zweierpotenzen umgehen:

$$\begin{aligned} \mathsf{U} &= ((((1/2 + 0)/2 + 1)/2 + 0)/2 + 1)/2 \\ &= 0.65625 \end{aligned}$$

Aufgabe 4.18 *Wie kann man reelle Zahlen von einem Zahlensystem mit der Basis* b *in ein anderes mit der Basis* B *umwandeln? Wandeln Sie mit diesem Verfahren* $(37.41)_8$ *in das Binärsystem um!*

Lösung. Die Umwandlung reeller Zahlen erfolgt in drei Schritten.

1. Man stellt die Zahl als Summe einer ganzen Zahl und einer Zahl, deren Vorkommateil gleich 0 ist, in b dar.

2. Man wandelt die beiden Summanden getrennt nach B um, wobei man im Ziel- oder Quellsystem rechnen kann.

3. Man führt die Summation in B durch.

Für das konkrete Beispiel bedeutet das:

$$\begin{aligned}(37.41)_8 &= (37)_8 + (0.41)_8 \\ &= (11111)_2 + (0.100001)_2 \\ &= (11111.100001)_2\end{aligned}$$

Aufgabe 4.19 *Kann eine Zahl in einem Zahlensystem eine endliche und in einem anderen eine unendliche Darstellung haben? Geben Sie ein Beispiel zur Unterstützung Ihrer Antwort!*

Lösung. Ja, z.B. $(0.1)_{10} = (0.01212121\ldots)_4$.

Aufgabe 4.20 *Gibt es Zahlen, die in keinem n-ären Zahlensystem eine endliche Darstellung haben?*

Lösung. Ja, z.B. $\pi = 3.1415926\ldots$, oder jede irrationale Zahl.

Aufgabe 4.21 *Wie kann eine reelle Zahl, die im Binärsystem gegeben ist, einfach in das oktale und in das hexadezimale System umgewandelt werden? Geben Sie ein Beispiel mit 10 Vorkomma- und 7 Nachkommastellen im Binärsystem an!*

Lösung. Reelle Zahlen im Binärsystem können durch das folgende Verfahren einfach in das oktale bzw. hexadezimale System umgewandelt werden.

1. Aus den Bits Dreier- bzw. Viererblöcke vor und nach dem Komma (jeweils vom Komma weg) bilden.

2. Dreier- bzw. Viererblöcke einzeln ins oktale bzw. hexadezimale System umwandeln. Dabei – falls notwendig – am Beginn und Ende mit Nullen entsprechend ergänzen.

Wir wollen dieses Verfahren anhand der Zahl $(1010011111.1100011)_2$ durchführen.

$$\begin{array}{lcccccccccl} u & = & (& 001 & 010 & 011 & 111 & . & 110 & 001 & 100 \;)_2 \\ U & = & (& 1 & 2 & 3 & 7 & . & 6 & 1 & 4 \;)_8 \end{array}$$

$$\begin{array}{lccccccccl} u & = & (& 0010 & 1001 & 1111 & . & 1100 & 0110 \;)_2 \\ U & = & (& 2 & 9 & F & . & C & 6 \;)_{16} \end{array}$$

Aufgabe 4.22 *Geben Sie eine Verallgemeinerung des Verfahrens aus der letzten Aufgabe zur Umwandlung von Zahlen für beliebige Zahlensysteme an.*

Lösung. Das Zusammenfassen und blockweise Umwandeln kann man mit Blöcken der Größe k durchführen, wenn die Basis des einen Zahlensystems n^m und die des anderen $n^{m \cdot k}$ ist, mit $k > 1$.

Aufgabe 4.23 *Füllen Sie die folgende Matrix so aus, dass jede Zeile die gleiche Zahl mehrmals enthält, und zwar jeweils in jenem Zahlensystem, das in der Spaltenüberschrift angegeben ist! Versuchen Sie, diese Aufgabe möglichst schnell zu lösen. Benutzen Sie dabei einfache Umwandlungsverfahren!*

Lösung. Bemerkung: Da aus der Binärdarstellung die Oktal- und Hexadezimaldarstellung sehr leicht gewonnen werden kann, ist es ratsam, die gegebene Zahl zuerst in das Binärsystem umzuwandeln.

Binär	Oktal	Dezimal	Hexadezimal
10111010.0111011	272.354	186.4609 ...	BA.7600
10101010.010101	252.25	170.328125	AA.54
00100001.111	**041.7**	033.875	21.E
00111011.001101	**073.15**	059.2031 ...	3B.34
00011011.1001	033.44	**027.5625**	1B.9
00010111.001000111...	027.107.....	**023.14**	17.23......
10101110.0111	256.34	174.4375	**AE.7**
01101111.11010001	157.642	111.8164	**6F.D1**

4.6 Binäre Arithmetik

Analog zu den Zahlen im Dezimalsystem lassen sich mit Binärzahlen die arithmetischen Grundoperation durchführen, wobei folgende Regeln zur Anwendung kommen:

Addition	Subtraktion	Multiplikation	Division
$0+0 = 0$	$0-0 = 0$	$0\cdot 0 = 0$	$0\,/\,0 =$ nicht def.
$0+1 = 1$	$0-1 = -1$	$0\cdot 1 = 0$	$0\,/\,1 = 0$
$1+0 = 1$	$1-0 = 1$	$1\cdot 0 = 0$	$1\,/\,0 =$ nicht def.
$1+1 = 10$	$1-1 = 0$	$1\cdot 1 = 1$	$1\,/\,1 = 1$

Tabelle 4.1: Rechnen im binären System

Aufgabe 4.24 *Addieren Sie die folgenden Binärzahlen! Geben Sie die Zwischenschritte nach der Addition jeweils einer Ziffernspalte an und tragen Sie in jedem Schritt auch gegebenenfalls auftretende Überträge ein!*

$$(a)\quad \begin{array}{rr} & 110110 \\ & 011011 \\ + & 111000 \\ \hline \end{array} \qquad (b)\quad \begin{array}{rr} & 011011 \\ + & 111010 \\ \hline \end{array}$$

Lösung.

$$(a)\quad \begin{array}{rr} & \\ & 110110 \\ & 011011 \\ + & 111000 \\ \hline & 1 \end{array} \Rightarrow \begin{array}{rr} & 1 \\ & 110110 \\ & 011011 \\ + & 111000 \\ \hline & 01 \end{array} \Rightarrow \begin{array}{rr} & 1 \\ & 110110 \\ & 011011 \\ + & 111000 \\ \hline & 001 \end{array}$$

$$\begin{array}{rr} & 1 \\ & 110110 \\ & 011011 \\ + & 111000 \\ \hline & 1001 \end{array} \Rightarrow \begin{array}{rr} & 10 \\ & 110110 \\ & 011011 \\ + & 111000 \\ \hline & 01001 \end{array} \Rightarrow \begin{array}{rr} & 10 \\ & 110110 \\ & 011011 \\ + & 111000 \\ \hline & 001001 \end{array} \Rightarrow \begin{array}{rr} & \\ & 110110 \\ & 011011 \\ + & 111000 \\ \hline & 10001001 \end{array}$$

```
                           1
(b)       011011         011011          011011
        + 111010   =>  + 111010   =>   + 111010
        --------       --------        --------
               1             01             101
          1              1
          011011         011011          011011
        + 111010   =>  + 111010   =>   + 111010
            0101          10101         1010101
```

Aufgabe 4.25 *Addieren Sie die folgenden Binärzahlen!*

```
(a)     011110       (b)     111111
      + 100011             + 101111
      --------             --------
```

Lösung.

```
          011110                111111
(a)     + 100011      (b)     + 101111
        --------              --------
         1000001               1101110
```

Aufgabe 4.26 *Subtrahieren Sie folgende Zahlen jeweils im Binärsystem! Geben Sie die Zwischenschritte nach der Subtraktion jeder Ziffernspalte an und tragen Sie in jedem Schritt auch gegebenenfalls „geborgte" Stellen ein!*

```
(a)     1000       (b)     1001
      -  101             -  101
      ------             ------
```

Lösung.

```
        10 0 (10)         10 (10)0          1 (10)00
(a)   -  1(1)  1   =>  - (10) (1)1  =>  - (1)(10)01
      -----------      ------------     -----------
               1               1 1        0   0 11

        1001        1001          1 (10) 01
(b)   -  101  =>  -  101  =>  -  (1)  1  01
      ------      ------      -------------
           0          00          0   1  00
```

Aufgabe 4.27 *Subtrahieren Sie folgende Zahlen jeweils im Binärsystem!*

```
(a)     101101       (b)     10101
      -  11101             -  1011
      --------             -------
```

Lösung.

```
          101101              10101
(a)     -  11101     (b)    -  1011
        --------            -------
           10000               1010
```

Aufgabe 4.28 *Multiplizieren Sie die folgenden Zahlen im Binärsystem! Geben Sie auch die Zwischenschritte an!*

(a) 1010 · 1101 *(b)* 1011 · 1001

Lösung.

(a) Wenn die Multiplikation von rechts nach links durchgeführt wird, müssen die Summanden jeweils um eine Stelle nach links verschoben untereinander geschrieben werden.

```
       1010 · 1101
     -------------
       1010
      0000
     1010
  + 1010
  ----------
    10000010
```

(b) Wenn die Multiplikation von links nach rechts durchgeführt wird, müssen die Summanden jeweils um eine Stelle nach rechts verschoben untereinander geschrieben werden.

```
    1011    · 1001
    --------------
    1011
     0000
      0000
  +    1011
  ----------
    1100011
```

Aufgabe 4.29 *Multiplizieren Sie die folgenden Zahlen im Binärsystem!*

(a) 11011 · 1000 *(b)* 110111 · 1010

Lösung.

```
(a)    11011 · 1000        (b)    110111 · 1010
    ----------------           ------------------
    11011000                   1000100110
```

Aufgabe 4.30 *Dividieren Sie folgende Zahlen im Binärsystem! Geben Sie auch die Zwischenschritte an!*

(a) 11011 / 11 *(b)* 1011 / 101

Lösung.

(a) Das Ergebnis der ganzzahligen Division beträgt $(1001)_2$, der Rest ist $(0)_2$.

```
11011/11=1 ⇒  11011/11=10 ⇒  11011/11=100 ⇒  11011/11=1001
-11           -11            -11             -11
---           ---            ---             ----
  0             00             001              0011
                                              -   11
                                              ------
                                                   0
```

(b) Das Ergebnis der ganzzahligen Division beträgt $(10)_2$, der Rest ist $(1)_2$.

```
1011/101=1 ⇒  1011/101=10
-101          -101
   0             01
```

Aufgabe 4.31 *Dividieren Sie folgende Zahlen im Binärsystem!*

(a) 11011 / 100 *(b)* 110111 / 11010

Lösung.

(a) Das Ergebnis der ganzzahligen Division beträgt $(110)_2$, der Rest ist $(11)_2$.

(b) Das Ergebnis der ganzzahligen Division beträgt $(10)_2$, der Rest ist $(11)_2$.

Aufgabe 4.32 *Zeigen Sie, dass die Multiplikation einer Zahl* u *im* b*-ären System mit* b^k*, wobei* b *die Basis des Systems und* k *eine natürliche Zahl* $k > 0$ *ist, einer Verschiebung* (shift) *der Zahlendarstellung um* k *Stellen nach links entspricht!*

Lösung. Die Zahl u im b-ären System sei gegeben durch $(\ldots u_2 u_1 u_0 . u_{-1} u_{-2} \ldots)_b$. Im b-ären Stellenwertsystem wird diese Zahl daher dargestellt durch:

$$u = \cdots + u_2 \cdot b^2 + u_1 \cdot b^1 + u_0 \cdot b^0 + u_{-1} \cdot b^{-1} + u_{-2} \cdot b^{-2} + \cdots$$

Multipliziert man diese Zahl mit b^k, also

$$\begin{aligned} u &= (\cdots + u_2 \cdot b^2 + u_1 \cdot b^1 + u_0 \cdot b^0 + u_{-1} \cdot b^{-1} + u_{-2} \cdot b^{-2} + \cdots) \cdot b^k \\ &= \cdots + u_2 \cdot b^2 \cdot b^k + u_1 \cdot b^1 \cdot b^k + u_0 \cdot b^0 \cdot b^k + u_{-1} \cdot b^{-1} \cdot b^k + u_{-2} \cdot b^{-2} \cdot b^k + \cdots \\ &= \cdots + u_2 \cdot b^{2+k} + u_1 \cdot b^{1+k} + u_0 \cdot b^k + u_{-1} \cdot b^{k-1} + u_{-2} \cdot b^{k-2} + \cdots, \end{aligned}$$

so sieht man unmittelbar, dass die Ziffer u_i nun nach der Multiplikation an der Stelle $i+k$ steht, d.h., alle Ziffern wurden um k Stellen nach links verschoben.

Aufgabe 4.33 *Zeigen Sie, dass die Division einer Zahl* u *im* b*-ären System durch* b^k*, wobei* b *die Basis des Systems und* k *eine natürliche Zahl* $k > 0$ *ist, einer Verschiebung* (shift) *der Zahlendarstellung um* k *Stellen nach rechts entspricht!*

Lösung. Die Zahl u im b-ären System sei gegeben durch $(\ldots u_2 u_1 u_0 . u_{-1} u_{-2} \ldots)_b$. Im b-ären Stellenwertsystem wird diese Zahl daher dargestellt durch:

$$u = \cdots + u_2 \cdot b^2 + u_1 \cdot b^1 + u_0 \cdot b^0 + u_{-1} \cdot b^{-1} + u_{-2} \cdot b^{-2} + \cdots$$

Dividiert man diese Zahl durch b^k, also

$$\begin{aligned} u &= (\cdots + u_2 \cdot b^2 + u_1 \cdot b^1 + u_0 \cdot b^0 + u_{-1} \cdot b^{-1} + u_{-2} \cdot b^{-2} + \cdots)/b^k \\ &= \cdots + u_2 \cdot b^2/b^k + u_1 \cdot b^1/b^k + u_0 \cdot b^0/b^k + u_{-1} \cdot b^{-1}/b^k + u_{-2} \cdot b^{-2}/b^k + \cdots \\ &= \cdots + u_2 \cdot b^{2-k} + u_1 \cdot b^{1-k} + u_0 \cdot b^{-k} + u_{-1} \cdot b^{-(1+k)} + u_{-2} \cdot b^{-(2+k)} + \cdots, \end{aligned}$$

so sieht man unmittelbar, dass die Ziffer u_i nun nach der Division an der Stelle $i-k$ steht, d.h., alle Ziffern wurden um k Stellen nach rechts verschoben.

Aufgabe 4.34 *Geben Sie im folgenden die Zwischenschritte nach der Addition bzw. Subtraktion jeder Ziffernspalte an, und tragen Sie in jedem Schritt auch gegebenenfalls auftretende Überträge bzw. ausgeborgte Stellen ein!*

(a) Addieren Sie $(\mathrm{FA})_{16}$ *und* $(16)_{16}$ *im hexadezimalen System!*

(b) Addieren Sie $(16)_8$ *und* $(45)_8$ *im oktalen System!*

(c) Subtrahieren Sie $(17)_{16}$ *von* $(36)_{16}$ *im hexadezimalen System!*

(d) Subtrahieren Sie $(17)_8$ *von* $(36)_8$ *im oktalen System!*

Lösung. Im folgenden sind alle Zahlen in den jeweils angegebenen Zahlensystemen dargestellt, ohne dass sie als solche gekennzeichnet sind.

(a) Alle Rechnungen erfolgen im hexadezimalen System.

```
     1           1
    FA          FA            FA
 +  16   =>  +  16   =>   +   16
 ------      -------      -------
     0          10           110
```

(b) Alle Rechnungen erfolgen im oktalen System.

```
     1
    16          16
 +  45   =>  +  45
 ------      -------
     3          63
```

(c) Alle Rechnungen erfolgen im hexadezimalen System.

```
     3 (16)          36
 -  (2)  7    =>  -  27
 -----------      ------
         F           1F
```

(d) Alle Rechnungen erfolgen im oktalen System.

```
     3 (16)          36
 -  (2)  7    =>  -  27
 -----------      ------
         7           17
```

Aufgabe 4.35 *Geben Sie eine Berechnungsvorschrift zur Berechnung von folgenden Zahlen unter ausschließlicher Verwendung der Multiplikationsoperation (a)* x^{29} *und (b)* x^{31} *an! Verwenden Sie dabei das im Buch „Informatik" dargestellte Verfahren! Geben Sie an, wieviele Multiplikationen Sie für Ihre Berechnung brauchen!*

Lösung. Man geht wie in [2] (Seite 102) beschrieben vor.

(a) $29 = (11101)_2 \Rightarrow$ QXQXQXQQX, also

$$x^{29} = ((((x^2)\cdot x)^2 \cdot x)^2)^2 \cdot x$$

Dabei wird das Quadrieren durch die Multiplikation des jeweiligen Zwischenergebnisses mit sich selbst durchgeführt. Es werden insgesamt 7 Multiplikationen benötigt.

(b) $31 = (11111)_2 \Rightarrow$ QXQXQXQXQX also

$$x^{31} = ((((x^2)\cdot x)^2 \cdot x)^2 \cdot x)^2 \cdot x$$

Es werden insgesamt 8 Multiplikationen benötigt.

4.7 Darstellung durch Vorzeichen und Betrag

Bei der Darstellung ganzer Zahlen durch *Vorzeichen und Betrag* wird das höchstwertige Bit (engl.: *most significant bit*, MSB) als Vorzeichenbit verwendet. Die restlichen Bits stellen den Betrag der Zahl dar.

Aufgabe 4.36 *Nehmen Sie an, dass zur Darstellung von ganzen Zahlen 8 Bits zur Verfügung stehen. Geben Sie tabellarisch den Wertebereich an, wenn die Darstellung durch* Vorzeichen und Betrag *gewählt wird!*

Lösung.

z	w	Darstellung
+0	0	0000 0000
+1	1	0000 0001
⋮	⋮	⋮
+127	127	0111 1111
−0	128	1000 0000
−1	129	1000 0001
⋮	⋮	⋮
−127	255	1111 1111

Wie auch aus der Tabelle ersichtlich, tritt in dieser Darstellung die Zahl 0 zweifach (mit positivem und negativem Vorzeichen) auf. Bei Vergleichsoperationen und arithmetischen Operationen ist daher das Vorzeichen zu beachten.

Aufgabe 4.37 *Zu Aufgabe 4.36: Wie lautet die Darstellung der Zahlen* +27 *und* −27*?*

Lösung.

	VZ	Betrag						
	7	6	5	4	3	2	1	0
+27	0	0	0	1	1	0	1	1
−27	1	0	0	1	1	0	1	1

4.8 Exzessdarstellung

Bei der Exzessdarstellung wird zur darzustellenden Zahl ein konstanter Exzess q addiert, so dass die Summe nicht negativ ist. Diese positive Summe repräsentiert dann die ursprüngliche Zahl. Der Exzess muss daher gleich dem Betrag der kleinsten negativen Zahl gewählt werden.

Aufgabe 4.38 *Nehmen Sie an, dass zur Darstellung von ganzen Zahlen 8 Bits zur Verfügung stehen. Geben Sie tabellarisch den Wertebereich an, wenn die* Exzessdarstellung *gewählt wird!*

Lösung.

z	w	Darstellung
−128	0	0000 0000
−127	1	0000 0001
⋮	⋮	⋮
−1	127	0111 1111
0	128	1000 0000
+1	129	1000 0001
⋮	⋮	⋮
+127	255	1111 1111

Man beachte, dass bei dieser Darstellung die Zahl 0 nur mehr einfach auftritt. Zudem ist die Abbildung ordnungserhaltend. Bei arithmetischen Operationen muss der Exzess berücksichtigt werden.

Aufgabe 4.39 *Zu Aufgabe 4.38: Wie lautet die Darstellung der Zahlen* +27 *und* −27*?*

Lösung.

	7	6	5	4	3	2	1	0
+27	1	0	0	1	1	0	1	1
−27	0	1	1	0	0	1	0	1

4.9 Einerkomplementdarstellung

Die Darstellung einer negativen Zahl wird aus der Darstellung des Betrags der Zahl durch Ergänzung auf $2^n - 1$ ermittelt, wobei n die Anzahl der für die Darstellung zur Verfügung stehenden Bits ist. Diese Darstellung kann einfach durch Vertauschung aller Nullen mit Einsen und umgekehrt aus dem Betrag der Zahl gewonnen werden.

Aufgabe 4.40 *Nehmen Sie an, dass zur Darstellung von ganzen Zahlen 8 Bits zur Verfügung stehen. Geben Sie tabellarisch den Wertebereich an, wenn die* Einerkomplementdarstellung *gewählt wird!*

Lösung.

z	w	Darstellung
+0	0	0000 0000
+1	1	0000 0001
⋮	⋮	⋮
+127	127	0111 1111
−127	128	1000 0000
−126	129	1000 0001
⋮	⋮	⋮
−1	254	1111 1110
−0	255	1111 1111

Wie auch aus der Tabelle ersichtlich, tritt die Zahl 0 wieder zweifach auf. Positive und negative Zahlen können am führenden Bit unterschieden werden. Die Ordnungsrelation innerhalb positiver und negativer Zahlen bleibt erhalten, allerdings rangieren negative Zahlen hinter den positiven.

Aufgabe 4.41 *Zu Aufgabe 4.40: Wie lautet die Darstellung der Zahlen* +27 *und* −27*?*

Lösung.

	7	6	5	4	3	2	1	0
+27	0	0	0	1	1	0	1	1
−27	1	1	1	0	0	1	0	0

4.10 Zweierkomplementdarstellung

Die Darstellung einer negativen Zahl wird durch die Ergänzung des Betrags der Zahl auf 2^n gewonnen, wobei n die Anzahl der für die Darstellung zur Verfügung stehenden Bits ist. Den gleichen Effekt erzielt man, wenn man

1. zur Zahl 2^n addiert, oder
2. zuerst das Einerkomplement der positiven Zahl bildet und dieses anschließend um 1 inkrementiert, oder
3. die binären Ziffern der positiven Zahl von rechts nach links bis zur ersten 1 einschließlich kopiert und die restlichen Ziffern komplementiert.

Aufgabe 4.42 *Nehmen Sie an, dass zur Darstellung von ganzen Zahlen 8 Bits zur Verfügung stehen. Geben Sie tabellarisch den Wertebereich an, wenn die* Zweierkomplementdarstellung *gewählt wird!*

Lösung.

z	w	Darstellung
0	0	0000 0000
+1	1	0000 0001
⋮	⋮	⋮
+127	127	0111 1111
−128	128	1000 0000
−127	129	1000 0001
⋮	⋮	⋮
−2	254	1111 1110
−1	255	1111 1111

Positive und negative Zahlen können am führenden Bit unterschieden werden. Die Ordnungsrelation innerhalb positiver und negativer Zahlen bleibt erhalten, allerdings rangieren negative Zahlen hinter den positiven.

Aufgabe 4.43 *Zu Aufgabe 4.42: Wie lautet die Darstellung der Zahlen +27 und −27?*

Lösung.

	7	6	5	4	3	2	1	0
+27	0	0	0	1	1	0	1	1
−27	1	1	1	0	0	1	0	1

Aufgabe 4.44 *Wie kann aus der* Einerkomplementdarstellung *einer Zahl auf einfachste Art die* Zweierkomplementdarstellung *gewonnen werden?*

Lösung. Das Vorzeichen der Zahl in Einerkomplementdarstellung ist am MSB erkennbar. Falls die Zahl ein positives Vorzeichen hat, so ist sie bereits in Zweierkomplementdarstellung. Ansonsten muss zur Einerkomplementdarstellung *Eins* addiert werden.

Aufgabe 4.45 *Wie kann eine Binärzahl, die in* Exzessdarstellung *gegeben ist, auf einfachste Art in* Zweierkomplementdarstellung *umgewandelt werden, wenn für beide Darstellungen* n *Bit verwendet werden und der Exzess für die Exzessdarstellung* 2^{n-1} *beträgt?*

Lösung. Die Umwandlung einer Zahl von der Exzessdarstellung in die Zweierkomplementdarstellung kann, unter den angegebenen Umständen, durch das Invertieren des ersten Bits (MSB) erfolgen.

Aufgabe 4.46 *Füllen Sie die folgende Matrix so aus, dass jede Zeile die gleiche Zahl mehrmals enthält, und zwar jeweils in jener Darstellung, die in der Spaltenüberschrift angegeben ist! Nehmen Sie an, dass Ihnen zur Darstellung der Zahlen immer 8 Bit zur Verfügung stehen und bei der Exzessdarstellung der Exzess* $q = 2^7$ *beträgt!*

Lösung.

Dezimal	Vorzeichen und Betrag	Exzess-darstellung	Einer-komplement	Zweier-komplement
13	0000 1101	1000 1101	0000 1101	0000 1101
-25	1001 1001	0110 0111	1110 0110	1110 0111
43	**0010 1011**	1010 1011	0010 1011	0010 1011
-13	**1000 1101**	0111 0011	1111 0010	1111 0011
15	0000 1111	**1000 1111**	0000 1111	0000 1111
-3	1000 0011	**0111 1101**	1111 1100	1111 1101
54	0011 0110	1011 0110	**0011 0110**	0011 0110
-72	1100 1000	0011 1000	**1011 0111**	1011 1000
59	0011 1011	1011 1011	0011 1011	**0011 1011**
-35	1010 0011	0101 1101	1101 1100	**1101 1101**

Aufgabe 4.47 *Kann die Zahl* -72 *in Exzessdarstellung umgewandelt werden, wenn 6 Bit zur Verfügung stehen und der Exzess* $q = 2^6$ *beträgt?*

Lösung. Nein, da die kleinste negative Zahl, die dargestellt werden kann, -64 ist.

Aufgabe 4.48 *Berechnen Sie (a)* $18-9$, *(b)* $-9-9$ *und (c)* $-127-9$ *in Einerkomplementdarstellung, wenn jeweils 8 Bit zur Darstellung der Zahlen zur Verfügung stehen!*

Lösung.

(a)		0001 0010		18	
	+	1111 0110	–	9	
	1	0000 1000			
	+	1			
		0000 1001		9	
(b)		1111 0110	–	9	
	+	1111 0110	–	9	
	1	1110 1100			
	+	1			
		1110 1101	–	18	
(c)		1000 0000	–	127	
	+	1111 0110	–	9	
	1	0111 0110	–	136	Bereichsüberschreitung!

Aufgabe 4.49 *Berechnen Sie (a)* $18-9$, *(b)* $-9-9$ *und (c)* $-127-9$ *in Zweierkomplementdarstellung, wenn jeweils 8 Bit zur Darstellung der Zahlen zur Verfügung stehen!*

Lösung.

(a)		0001 0010		18	
	+	1111 0111	–	9	
	1	0000 1001		9	
(b)		1111 0111	–	9	
	+	1111 0111	–	9	
	1	1110 1110	–	18	
(c)		1000 0001	–	127	
	+	1111 0111	–	9	
	1	0111 1000	–	136	Bereichsüberschreitung!

Aufgabe 4.50 *Wie erkennt man eine Überschreitungen des Zahlenbereichs in Einer- bzw. Zweierkomplementdarstellung, die bei einer Addition zweier Zahlen entstanden sind?*

Lösung. Man erkennt sie, indem man eine Plausibilitätsüberprüfung durchführt. So liegt eine Bereichsüberschreitung z.B. dann vor, wenn bei der Addition zweier negativer Zahlen in Einer- oder Zweierkomplementdarstellung eine positive Zahl entsteht.

5 Numerik

Für die Realisierung von nahezu allen Anwendungen ist die Darstellbarkeit von reellen Zahlen im Rechner eine grundlegende Voraussetzung. Nach einer langen Zeit des „Wildwuchses" im Bereich der Darstellung von reellen Zahlen auf Rechnern fand Ende der 70er Jahre ein lang ersehnter Standardisierungsprozess statt. Dieser führte schließlich 1985 zur Verabschiedung des IEEE-754 Standards für binäre Gleitpunktarithmetik, der inzwischen von nahezu allen Computerherstellern befolgt wird [11]. Dieser Standard enthält drei wesentliche Forderungen:

1. Konsistente Darstellung von Gleitpunktzahlen auf allen konformen Maschinen.
2. Korrekt gerundete Gleitpunktoperationen bezüglich verschiedener Rundungsmethoden.
3. Wohldefiniertes Verhalten bei Ausnahmesituationen (z.B. Division durch Null).

Bevor wir uns der in diesem Standard definierten Gleitpunkt-Darstellung und Rundungsmethoden zuwenden, soll dieses Kapitel mit einer einfacheren, aber auch einschränkenden Darstellungsweise von reellen Zahlen begonnen werden: der Festpunkt-Darstellung.

5.1 Festpunkt-Darstellung

Der Betrag einer $N = 1 + g + n$ Bit breiten Zahl x wird in g Vor- und n Nachkommastellen unterteilt. Diese Unterteilung entspricht einer Skalierung von x um den Faktor 2^{-n}, wodurch die Bitfolge $v d_{N-2} d_{N-3} \cdots d_1 d_0$ als vorzeichenbehaftete Binärzahl mit n Stellen nach dem Binärpunkt interpretiert wird:

$$v d_{N-2} d_{N-3} \cdots d_1 d_0 = (-1)^v \cdot 2^{-n} \sum_{i=0}^{N-2} d_i \cdot 2^i \quad (5.1)$$

$$= (-1)^v \cdot d_{N-2} \cdots d_n . d_{n-1} \cdots d_1 d_0 \quad (5.2)$$

Bei der Festpunkt-Darstellung ist somit eine feste Anzahl von n Nachkommastellen für die Darstellung im Computer reserviert.

Aufgabe 5.1 *Nehmen Sie an, dass ein Rechner zur Darstellung von Zahlen die* Festpunkt-Darstellung *verwendet und* $N = v + g + n = 12$ *Bit zur Verfügung stellt, wobei das MSB als Vorzeichenbit* v *dient und* $n = 3$ *Bit für Nachkommastellen zur Verfügung stehen. Berechnen Sie, welche Zahlen durch die Bitfolgen (a)* $(100110001110)_2$*, (b)* $(010101010101)_2$*, (c)* $(101010101010)_2$ *und (d)* $(111111111111)_2$ *dargestellt werden!*

Lösung.

	VZ	Vorkommastellen (g)								Nachkommastellen (n)		
	v	d_{10}	d_9	d_8	d_7	d_6	d_5	d_4	d_3	d_2	d_1	d_0
(a)	1	0	0	1	1	0	0	0	1	1	1	0
(b)	0	1	0	1	0	1	0	1	0	1	0	1
(c)	1	0	1	0	1	0	1	0	1	0	1	0
(d)	1	1	1	1	1	1	1	1	1	1	1	1

(a)

$$\begin{aligned}
x &= (-1)^1 \cdot 2^{-3} \cdot \sum_{i=0}^{10} d_i \cdot 2^i \\
&= (-1)^1 \cdot \frac{1}{8} \cdot (0 \cdot 2^0 + 1 \cdot 2^1 + 1 \cdot 2^2 + 1 \cdot 2^3 + 0 \cdot 2^4 + 0 \cdot 2^5 + \\
&\qquad 0 \cdot 2^6 + 1 \cdot 2^7 + 1 \cdot 2^8 + 0 \cdot 2^9 + 0 \cdot 2^{10}) \\
&= -\frac{1}{8} \cdot (2 + 4 + 8 + 128 + 256) \\
&= -49.75
\end{aligned}$$

(b)

$$\begin{aligned}
x &= (-1)^0 \cdot \frac{1}{8} \cdot (1 \cdot 2^0 + 0 \cdot 2^1 + 1 \cdot 2^2 + 0 \cdot 2^3 + 1 \cdot 2^4 + 0 \cdot 2^5 + \\
&\qquad 1 \cdot 2^6 + 0 \cdot 2^7 + 1 \cdot 2^8 + 0 \cdot 2^9 + 1 \cdot 2^{10}) \\
&= \frac{1}{8} \cdot (1 + 4 + 16 + 64 + 256 + 1024) \\
&= 170.625
\end{aligned}$$

(c)

$$\begin{aligned}
x &= (-1)^1 \cdot \frac{1}{8} \cdot (0 \cdot 2^0 + 1 \cdot 2^1 + 0 \cdot 2^2 + 1 \cdot 2^3 + 0 \cdot 2^4 + 1 \cdot 2^5 + \\
&\qquad 0 \cdot 2^6 + 1 \cdot 2^7 + 0 \cdot 2^8 + 1 \cdot 2^9 + 0 \cdot 2^{10}) \\
&= -\frac{1}{8} \cdot (2 + 8 + 32 + 128 + 512) \\
&= -85.25
\end{aligned}$$

(d)

$$\begin{aligned}
x &= (-1)^1 \cdot \frac{1}{8} \cdot (1 \cdot 2^0 + 1 \cdot 2^1 + 1 \cdot 2^2 + 1 \cdot 2^3 + 1 \cdot 2^4 + 1 \cdot 2^5 + \\
&\qquad 1 \cdot 2^6 + 1 \cdot 2^7 + 1 \cdot 2^8 + 1 \cdot 2^9 + 1 \cdot 2^{10}) \\
&= -\frac{1}{8} \cdot (1 + 2 + 4 + 8 + 16 + 32 + 64 + 128 + 256 + 512 + 1024) \\
&= -255.875
\end{aligned}$$

Aufgabe 5.2 *Nehmen Sie an, dass ein Rechner zur Darstellung von Zahlen die* Festpunkt-Darstellung *verwendet und* $N = v + g + n = 12$ *Bit zur Verfügung stellt, wobei das MSB als Vorzeichenbit* v *dient und* $n = 3$ *Bit für Nachkommastellen zur Verfügung stehen. Berechnen Sie, wie die Zahlen (a)* $-(10.375)_{10}$*, (b)* $(33.125)_{10}$*, (c)* $(47.5)_{10}$*, (d)* $-(32.00625)_{10}$ *und (e)* $(1234.0)_{10}$ *dargestellt werden!*

Lösung.

(a)

$$\begin{aligned}
-(10.375)_{10} &= -(1010)_2 + (0.011)_2 \\
&= -(1010.011)_2
\end{aligned}$$

(b)

$$\begin{aligned}
(33.125)_{10} &= (100001)_2 + (0.001)_2 \\
&= (100001.001)_2
\end{aligned}$$

(c)

$$
\begin{aligned}
(47.5)_{10} &= -(101111)_2 + (0.1)_2 \\
&= -(101111.1)_2
\end{aligned}
$$

(d)

$$
\begin{aligned}
-(32.0625)_{10} &= -(100000)_2 + (0.0001)_2 \\
&= -(100000.0001)_2
\end{aligned}
$$

(e)

$$
\begin{aligned}
(1234.0)_{10} &= (10011010010)_2 + (0.0)_2 \\
&= (10011010010.0)_2
\end{aligned}
$$

	VZ	Vorkomma-stellen (g)								Nachkomma-stellen (n)		
	v	d_{10}	d_9	d_8	d_7	d_6	d_5	d_4	d_3	d_2	d_1	d_0
(a)	1	0	0	0	0	1	0	1	0	0	1	1
(b)	0	0	0	1	0	0	0	0	1	0	0	1
(c)	1	0	0	1	0	1	1	1	1	1	0	0
(d)	1	0	0	1	0	0	0	0	0	0	0	0
(e)	kann nicht dargestellt werden!											

Der Nachkommateil der Zahl $(-32.0625)_{10}$ kann nicht dargestellt werden, da zu wenig Nachkommastellen zur Verfügung stehen. Um dieses Dilemma in den Griff zu bekommen, stehen unterschiedliche Rundungsvarianten zur Verfügung, die in Kapitel 5.4 vorgestellt und diskutiert werden.

Aufgabe 5.3 *Was ist bei Multiplikation und Division von Festpunktzahlen zu beachten?*

Lösung. Wenn n die Anzahl der Nachkommastellen der Zahl in Festpunkt-Darstellung ist, dann ist das Ergebnis der Multiplikation bzw. der Division zweier solcher Festpunktzahlen durch 2^n zu dividieren bzw. mit 2^n zu multiplizieren.

Aufgabe 5.4 *Nehmen Sie an, dass ein Rechner zur Darstellung von Zahlen die* Festpunkt-Darstellung *verwendet und* $N = v + g + n = 12$ *Bit zur Verfügung stellt, wobei das MSB als Vorzeichenbit* v *dient und* $n = 3$ *Bit für Nachkommastellen zur Verfügung stehen. Wie lautet die kleinste und größte darstellbare Zahl. Um welchen Abstand unterscheiden sich zwei aufeinanderfolgende Zahlen?*

Lösung.

	VZ	Vorkomma-stellen (g)								Nachkomma-stellen (n)		
	v	d_{10}	d_9	d_8	d_7	d_6	d_5	d_4	d_3	d_2	d_1	d_0
x_{min}	1	1	1	1	1	1	1	1	1	1	1	1
x_{max}	0	1	1	1	1	1	1	1	1	1	1	1
Δx	0	0	0	0	0	0	0	0	0	0	0	1

(a) Die kleinste darstellbare Zahl ist $x_{min} = -255.875$.

(b) Die größte darstellbare Zahl ist $x_{max} = +255.875$.

(c) Aufeinanderfolgende Zahlen unterscheiden sich um den konstanten Betrag $\Delta x = 0.125$.

5.2 Gleitpunkt-Darstellung

Die *Gleitpunkt-Darstellung* basiert auf der Tatsache, dass für jede reelle Zahl $x \in \mathbf{R}$ gilt:

$$x = \pm \sum_{i=-\infty}^{k} m_i \cdot b^i, \tag{5.3}$$

mit $0 \leq m_i \leq b-1, m_i \in \mathbf{N}$. Man nennt $b \in \mathbf{N}$ die *Basis*. Auf einem Rechner können naturgemäß nur endlich viele Ziffern gespeichert werden:

$$\begin{aligned} m &= \sum_{i=0}^{p-1} m_i \cdot b^{-i} \\ x &= \pm m \cdot b^e \end{aligned} \tag{5.4}$$

m (mit $0 \leq m_i \leq b-1, m_i \in \mathbf{N}$) wird die *Mantisse* genannt. $b \in \mathbf{N}$ bezeichnet wieder die Basis. e (mit $e_{min} \leq e \leq e_{max}, e \in \mathbf{Z}$) ist der *Exponent*. Die *Mantissenlänge* ist durch p gegeben. Um die Speicherung von führenden Nullen zu sparen, erweisen sich *normalisierte* Gleitpunktzahlen als vorteilhaft:

$$x = \pm 1.m \cdot b^e \tag{5.5}$$

Wegen der Normalisierungsbedingung ($m_0 \neq 0$) lässt sich jedoch die Zahl Null nicht mehr darstellen. Gemäß Konvention weicht man daher bei der Zahl Null im Exponenten auf einen Wert außerhalb des Bereichs $[e_{min}, e_{max}]$ aus und stellt diese Zahl als $1.00 \cdot b^{e_{min}-1}$ dar.

Man spricht von *denormalisierten* oder *subnormalen* Gleitpunktzahlen, wenn für die Bedingung $e = e_{min}$ eine führende Null $m_0 = 0$ zugelassen wird.

$$x = \pm 0.m \cdot b^{e_{min}} \tag{5.6}$$

Damit können Gleitpunkt-Zahlensysteme durch vier ganzzahlige Parameter und einen Wahrheitswert charakterisiert werden:

1. Basis (*base, radix*) $b \geq 2$
2. Mantissenlänge (*precision*) $p \geq 2$
3. kleinster Exponent $e_{min} < 0$
4. größter Exponent $e_{max} > 0$
5. Normalisierungsindikator *denorm*

Die Mantissenlänge p bezeichnet dabei Stellen im b-ären Zahlensystem. e_{min} und e_{max} werden immer im dekadischen Zahlensystem notiert. Der Normalisierungsindikator *denorm* ist ein Wahrheitswert, der die beiden Werte *true* und *false* annehmen kann. Er gibt an, ob das Gleitpunkt-Zahlensystem denormalisierte Zahlen enthält (*denorm* = *true*) oder nicht (*denorm* = *false*).

Für Gleitpunkt-Zahlensysteme wird die Kurzbezeichnung

$$\mathbf{F}(b, p, e_{min}, e_{max}, denorm)$$

verwendet.

Aufgabe 5.5 *Geben Sie alle positiven Zahlen an, die in* $\mathbf{F}(2, 4, -2, 3, \mathit{false})$ *darstellbar sind!*

Lösung.

e	2^e	m							
		1	1.125	1.25	1.375	1.5	1.625	1.75	1.875
		$(1.000)_2$	$(1.001)_2$	$(1.010)_2$	$(1.011)_2$	$(1.100)_2$	$(1.101)_2$	$(1.110)_2$	$(1.111)_2$
-3	0.125	0	–	–	–	–	–	–	–
-2	0.25	0.25	0.28125	0.3125	0.34375	0.375	0.40625	0.4375	0.46875
-1	0.5	0.5	0.5625	0.625	0.6875	0.75	0.8125	0.875	0.9375
0	1	1	1.125	1.25	1.375	1.5	1.625	1.75	1.875
1	2	2	2.25	2.5	2.75	3	3.25	3.5	3.75
2	4	4	4.5	5	5.5	6	6.5	7	7.5
3	8	8	9	10	11	12	13	14	15

Aufgabe 5.6 *Geben Sie alle positiven Zahlen an, die in* $\mathbf{F}(2, 4, -2, 3, \mathit{true})$ *darstellbar sind!*

Lösung.

e	2^e	m							
		1	1.125	1.25	1.375	1.5	1.625	1.75	1.875
		$(1.000)_2$	$(1.001)_2$	$(1.010)_2$	$(1.011)_2$	$(1.100)_2$	$(1.101)_2$	$(1.110)_2$	$(1.111)_2$
-3	0.125	0	–	–	–	–	–	–	–
-2	0.25	0.25	0.28125	0.3125	0.34375	0.375	0.40625	0.4375	0.46875
-1	0.5	0.5	0.5625	0.625	0.6875	0.75	0.8125	0.875	0.9375
0	1	1	1.125	1.25	1.375	1.5	1.625	1.75	1.875
1	2	2	2.25	2.5	2.75	3	3.25	3.5	3.75
2	4	4	4.5	5	5.5	6	6.5	7	7.5
3	8	8	9	10	11	12	13	14	15

sowie

		0	0.125	0.25	0.375	0.5	0.625	0.75	0.875
		$(0.000)_2$	$(0.001)_2$	$(0.010)_2$	$(0.011)_2$	$(0.100)_2$	$(0.101)_2$	$(0.110)_2$	$(0.111)_2$
-2	0.25	–	0.03125	0.0625	0.09375	0.125	0.15625	0.1875	0.21875

Aufgabe 5.7 *Wieviele Zahlen sind im Gleitpunkt-Zahlensystem (a)* $\mathbf{F}(2, 4, -2, 3, \mathit{false})$ *bzw. (b)* $\mathbf{F}(2, 4, -2, 3, \mathit{true})$ *darstellbar?*

Lösung.

(a) Die Anzahl der darstellbaren Zahlen im Gleitpunkt-Zahlensystem $\mathbf{F}(\mathtt{b}, \mathtt{p}, \mathtt{e}_{\mathtt{min}}, \mathtt{e}_{\mathtt{max}}, \mathtt{false})$ berechnet sich durch:

$$1 + 2 \cdot (\mathtt{b} - 1) \cdot \mathtt{b}^{\mathtt{p}-1} \cdot (\mathtt{e}_{\mathtt{max}} - \mathtt{e}_{\mathtt{min}} + 1), \tag{5.7}$$

womit für das gegebene Beispiel

$$1 + 2 \cdot (2 - 1) \cdot 2^{4-1} \cdot (3 + 2 + 1) = 1 + 2^4 \cdot 6 = 97$$

Zahlen darstellbar sind.

(b) Die Anzahl der darstellbaren Zahlen im Gleitpunkt-Zahlensystem $\mathbf{F}(b, p, e_{min}, e_{max}, \text{true})$ berechnet sich durch:

$$1 + 2 \cdot (b-1) \cdot b^{p-1} \cdot (e_{max} - e_{min} + 1) + 2 \cdot (b^{p-1} - 1), \tag{5.8}$$

womit sich für das gegebene Beispiel zusätzlich zu den 97 normalisierten Zahlen

$$2 \cdot (2^{4-1} - 1) = 14$$

subnormale Zahlen und damit in Summe 111 Zahlen darstellen lassen.

Aufgabe 5.8 *Wie lautet die kleinste und größte positive (a) normalisierte und (b) denormalisierte Gleitpunktzahl im Gleitpunkt-Zahlensystem* $\mathbf{F}(2, 4, -2, 3, \mathit{true})$?

Lösung.

(a) Die kleinste positive normalisierte Gleitpunktzahl ergibt sich aus:

$$x_{min} = 1.0 \cdot b^{e_{min}} = b^{e_{min}} \tag{5.9}$$

Die größte positive normalisierte Gleitpunktzahl ergibt sich aus:

$$x_{max} = b \cdot (1 - b^{-p}) \cdot b^{e_{max}} \tag{5.10}$$

Für das gegebene Zahlensystem $\mathbf{F}(2, 4, -2, 3, \text{true})$ lauten daher die beiden Zahlen:

$$x_{min} = 2^{-2} = 0.25 \quad \text{und} \quad x_{max} = 2 \cdot (1 - 2^{-4}) \cdot 2^3 = 15$$

(b) Die kleinste positive denormalisierte Zahl eines Gleitpunkt-Zahlensystems ergibt sich aus:

$$\tilde{x}_{min} = b^{e_{min} - p + 1} \tag{5.11}$$

Die größte positive denormalisierte Gleitpunktzahl ergibt sich aus:

$$\tilde{x}_{max} = (1 - b^{1-p}) \cdot b^{e_{min}} \tag{5.12}$$

Für das gegebene Zahlensystem $\mathbf{F}(2, 4, -2, 3, \text{true})$ lauten daher die beiden Zahlen:

$$\tilde{x}_{min} = 2^{-2-4+1} = 0.03125 \quad \text{und} \quad \tilde{x}_{max} = (1 - 2^{-3}) \cdot 2^{-2} = 0.21875$$

Aufgabe 5.9 *Wofür steht die Abkürzung* ulp?

Lösung. Das Grundinkrement der Mantisse, das dem Wert einer Einheit der letzten Stelle entspricht, wird als ein *ulp* (*unit of last position*) bezeichnet.

Aufgabe 5.10 *Welchen Abstand haben benachbarte Zahlen im Intervall* $[b^e, b^{e+1}]$?

Lösung. Benachbarte Zahlen haben im Intervall $[b^e, b^{e+1}]$ den *konstanten* Abstand:

$$\Delta x = b^{e-p+1} = 1\ ulp \cdot b^e \tag{5.13}$$

Aufgabe 5.11 *Geben Sie den Abstand benachbarter Zahlen für das Zahlensystem* $\mathbf{F}(2, 4, -2, 3, \mathit{false})$ *jeweils in den Intervallen* $[b^e, b^{e+1}]$ *getrennt an!*

Lösung.

e	Intervall	$\triangle x$	$\triangle x$
-2	$[0.25, 0.5)$	$(0.00001)_2$	$(0.03125)_{10}$
-1	$[0.5, 1)$	$(0.0001)_2$	$(0.0625)_{10}$
0	$[1, 2)$	$(0.001)_2$	$(0.125)_{10}$
1	$[2, 4)$	$(0.01)_2$	$(0.25)_{10}$
2	$[4, 8)$	$(0.1)_2$	$(0.5)_{10}$
3	$[8, 16)$	$(1.0)_2$	$(1)_{10}$

Aufgabe 5.12 *Um das Wievielfache ändert sich der Abstand zweier benachbarter Zahlen bei Exponentenwechsel?*

Lösung. Beim Übergang zum nächstkleineren Exponenten $e - 1$ verringert sich der konstante Abstand auf ein b–tel, beim Übergang zum nächstgrößeren Exponenten steigt er auf das b–fache.

5.3 Codierung von Gleitpunktzahlen

Im Standard IEEE 754 für Gleitpunkt-Zahlensysteme wird u.a. eine einfach genaue Maschinenzahl für das Zahlensystem $\mathbf{F}(2, 24, -126, 127, \mathrm{true})$ festgelegt. Diese 32 Bit breite Codierung wird *Single Precision* genannt und hat folgendes Aussehen:

VZ	Exponent				Mantisse				
v	e_7		$\cdots$	e_0	m_1		$\cdots$		m_{23}
d_{31}	d_{30}	d_{29}	$\cdots \quad \cdots$	d_{23}	d_{22}	$\cdots$	$\cdots$	d_1	d_0

Im MSB ist das Vorzeichen (0 für positive, 1 für negative Zahlen) codiert. Der Exponent wird in Exzessdarstellung mit dem Exzess $q = 127$ angegeben. Die Mantisse verfügt über $p = 24$ signifikante Stellen und setzt sich im Falle der normalisierten Zahlen aus *einer* implizit codierten Vorkommastelle $m_0 = 1$ sowie 23 explizit codierten Nachkommastellen $m_1 \cdots m_{23}$ zusammen. Falls es sich um eine denormalisierte Zahl handelt, ist die Vorkommastelle $m_0 = 0$.

Der Standard enthält auch eine Codierungsvorschrift für doppelt genaue Maschinenzahlen für das Zahlensystem $\mathbf{F}(2, 53, -1022, 1023, \mathrm{true})$. Diese 64 Bit breite Codierung wird *Double Precision* genannt und hat folgendes Aussehen:

VZ	Exponent					Mantisse					
v	e_{10}			$\cdots$	e_0	m_1		$\cdots$			m_{52}
d_{63}	d_{62}	d_{61}	$\cdots$	$\cdots \quad \cdots$	d_{52}	d_{51}	$\cdots$	$\cdots$	$\cdots$	d_1	d_0

Im MSB ist wieder das Vorzeichen abgelegt. Der Exponent ist in Exzessdarstellung gegeben, diesmal mit dem Exzess $q = 1023$. Die Mantisse verfügt über $p = 53$ signifikante Stellen und setzt sich im Falle der normalisierten Zahlen aus *einer* implizit codierten Vorkommastelle $m_0 = 1$ sowie 52 explizit codierten Nachkommastellen $m_1 \cdots m_{52}$ zusammen. Falls es sich um eine denormalisierte Zahl handelt, ist die Vorkommastelle $m_0 = 0$.

Aufgabe 5.13 *Wandeln Sie die Zahlen (a) 0.025, (b) 0.25, (c) 2.5, (d) 25 und (e) 250 in das IEEE 754* Single Precision *Format um:*

Lösung.

(a)
- Umwandeln: $(0.025)_{10} = (0.000\overline{0011})_2 \cdot 2^0$
- Normalisieren: $(1.1\overline{0011})_2 \cdot 2^{-6}$
- Codieren*:

VZ	Exponent								Mantisse		
v	e_7	e_6	e_5	e_4	e_3	e_2	e_1	e_0	m_1	...	m_{23}
d_{31}	d_{30}	d_{29}	d_{28}	d_{27}	d_{26}	d_{25}	d_{24}	d_{23}	d_{22}	...	d_0
0	0	1	1	1	1	0	0	1	1	001100110011001100110	0

(b)
- Umwandeln: $(0.25)_{10} = (0.01)_2 \cdot 2^1$
- Normalisieren: $(1.00)_2 \cdot 2^{-2}$
- Codieren:

VZ	Exponent								Mantisse		
v	e_7	e_6	e_5	e_4	e_3	e_2	e_1	e_0	m_1	...	m_{23}
d_{31}	d_{30}	d_{29}	d_{28}	d_{27}	d_{26}	d_{25}	d_{24}	d_{23}	d_{22}	...	d_0
0	0	1	1	1	1	1	0	1	0	000000000000000000000	0

(c)
- Umwandeln: $(2.5)_{10} = (10.1)_2 \cdot 2^0$
- Normalisieren: $(1.01)_2 \cdot 2^1$
- Codieren:

VZ	Exponent								Mantisse		
v	e_7	e_6	e_5	e_4	e_3	e_2	e_1	e_0	m_1	...	m_{23}
d_{31}	d_{30}	d_{29}	d_{28}	d_{27}	d_{26}	d_{25}	d_{24}	d_{23}	d_{22}	...	d_0
0	1	0	0	0	0	0	0	0	0	100000000000000000000	0

(d)
- Umwandeln: $(25.0)_{10} = (11001.0)_2 \cdot 2^0$
- Normalisieren: $(1.1001)_2 \cdot 2^4$
- Codieren:

VZ	Exponent								Mantisse		
v	e_7	e_6	e_5	e_4	e_3	e_2	e_1	e_0	m_1	...	m_{23}
d_{31}	d_{30}	d_{29}	d_{28}	d_{27}	d_{26}	d_{25}	d_{24}	d_{23}	d_{22}	...	d_0
0	1	0	0	0	0	0	1	1	1	001000000000000000000	0

(e)
- Umwandeln: $(250.0)_{10} = (11111010.0)_2 \cdot 2^0$
- Normalisieren: $(1.1111010)_2 \cdot 2^7$
- Codieren:

VZ	Exponent								Mantisse		
v	e_7	e_6	e_5	e_4	e_3	e_2	e_1	e_0	m_1	...	m_{23}
d_{31}	d_{30}	d_{29}	d_{28}	d_{27}	d_{26}	d_{25}	d_{24}	d_{23}	d_{22}	...	d_0
0	1	0	0	0	0	1	1	0	1	111010000000000000000	0

*Bei der gewählten Codierung wurde das Rundungsverfahren *truncate* verwendet. Wendet man die Rundungsmethode *round to even* an, ist $d_0 = 1$. Details dazu später.

Aufgabe 5.14 *Was bedeutet der Begriff* NaN*?*

Lösung. *NaN* steht für den englischen Ausdruck *Not a Number* und symbolisiert einen als Gleitpunktzahl codierten Sonderwert, der in Ausnahmesituationen (z.B. bei Division durch 0) erzeugt wird.

Aufgabe 5.15 *Geben Sie die Rückkonvertierungsformel für normalisierte und denormalisierte Zahlen an, wenn diese nach dem IEEE 754* Single Precision *Format codiert sind!*

Lösung.

Für normalisierte Zahlen gilt:

$$z = (-1)^{\nu} \cdot 1{,}m \cdot 2^{(e-127)} \tag{5.14}$$

Für subnormale Zahlen gilt:

$$z = (-1)^{\nu} \cdot 0{,}m \cdot 2^{(e-126)} \tag{5.15}$$

Aufgabe 5.16 *Welchen Zahlen entsprechen folgende nach dem IEEE 754* Single Precision *Format codierte Bitfolgen?*

	VZ	*Exponent*								*Mantisse*		
	ν	e_7	e_6	e_5	e_4	e_3	e_2	e_1	e_0	m_1	...	m_{23}
	d_{31}	d_{30}	d_{29}	d_{28}	d_{27}	d_{26}	d_{25}	d_{24}	d_{23}	d_{22}	...	d_0
(a)	1	1	0	0	0	1	0	0	0	0	000000000000000000000	0
(b)	1	0	0	0	0	0	1	0	0	0	000010000000000000000	0
(c)	0	0	0	0	0	0	0	0	0	1	110000000000000000000	0

Lösung.

(a)
- Umwandeln des Exponenten: $(10001000)_2 = (136)_{10}$
- Umwandeln der Mantisse: $(1{,}0)_2 = (1)_{10}$
- Berechnung: $z = (-1)^1 \cdot 1{,}0 \cdot 2^{(136-127)} = -1 \cdot 1{,}0 \cdot 2^9 = -512$

(b)
- Umwandeln des Exponenten: $(100)_2 = (4)_{10}$
- Umwandeln der Mantisse: $(1{,}000001)_2 = (1{,}015625)_{10}$
- Berechnung: $z = (-1)^1 \cdot 1{,}015625 \cdot 2^{(4-127)} = -1 \cdot 1{,}015625 \cdot 2^{-123} \approx -9{,}5508916 \cdot 10^{-38}$

(c)
- Umwandeln des Exponenten: $(0)_2 = (0)_{10}$
- Umwandeln der Mantisse: Da der Exponent 0 ist, handelt sich um eine denormalisierte Zahl, deswegen ist $m_0 = 0$ und daher die Mantisse $(0{,}111)_2 = (0{,}875)_{10}$
- Berechnung: $z = (-1)^0 \cdot 0{,}875 \cdot 2^{(-126)} \approx 1{,}028557556969501610^{-38}$

Aufgabe 5.17 *Geben Sie für das IEEE 754* Single Precision *Format die hexadezimale Schreibweise und (sofern möglich) die Dezimaldarstellung für folgende Zahlen an: (a) +0, (b) −0, (c) größte positive normalisierte Zahl* x_{max}*, (d) kleinste positive normalisierte Zahl* x_{min}*, (e) größte positive denormalisierte Zahl* $\bar{x}_{max}$*, (f) kleinste positive denormalisierte Zahl* $\bar{x}_{min}$*, (g)* $+\infty$*, (h)* $-\infty$ *und (i) Not a Number!*

Lösung.

	Zahl	Hexadezimales Muster	Dezimaldarstellung
(a)	$+0$	0000 0000	0
(b)	-0	8000 0000	0
(c)	x_{max}	7F7F FFFF	$3{,}4028234663852886 \cdot 10^{+38}$
(d)	x_{min}	0008 0000	$1{,}1754943508222875 \cdot 10^{-38}$
(e)	$\bar{x}_{max}$	007F FFFF	$1{,}1754942106924411 \cdot 10^{-38}$
(f)	$\bar{x}_{min}$	0000 0001	$1{,}401298464324817 \cdot 10^{-45}$
(g)	$+\infty$	7F80 0000	$+\infty$
(h)	$-\infty$	FF80 0000	$-\infty$
(i)	NaN	7FC0 0000	NaN (eine mögliche Variante)

Aufgabe 5.18 *Geben Sie ein Entscheidungsdiagramm an, mit dessen Hilfe unterschieden werden kann, um welche Zahl es sich bei einer nach IEEE 754* Single Precision *Format codierten Gleitpunktzahl handelt!*

Lösung.

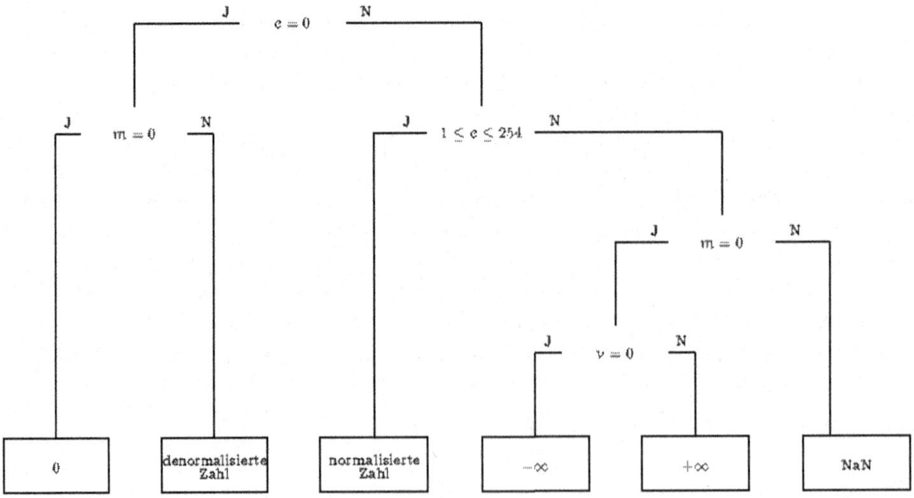

Aufgabe 5.19 *Geben Sie für das IEEE 754* Double Precision *Format die hexadezimale Schreibweise und (sofern möglich) die Dezimaldarstellung für folgende Zahlen an: (a)* $+0$, *(b)* -0, *(c)* $(0.01)_2$, *(d)* $(1)_2$, *(e)* $(10)_2$, *(f) größte positive normalisierte Zahl* x_{max}, *(g) kleinste positive normalisierte Zahl* x_{min}, *(h) größte positive denormalisierte Zahl* $\bar{x}_{max}$, *(i) kleinste positive denormalisierte Zahl* $\bar{x}_{min}$, *(j)* $+\infty$, *(k)* $-\infty$ *und (l) Not a Number!*

Lösung.

	Zahl	Hexadezimales Muster	Dezimaldarstellung
(a)	$+0$	0000 0000 0000 0000	0
(b)	-0	8000 0000 0000 0000	0
(c)	$(0.01)_2$	3FD0 0000 0000 0000	0.25
(d)	$(1)_2$	3FF0 0000 0000 0000	1
(e)	$(10)_2$	4000 0000 0000 0000	2
(f)	x_{max}	7FEF FFFF FFFF FFFF	$1.7976931348623157 \cdot 10^{+308}$
(g)	x_{min}	0010 0000 0000 0000	$2.2250738585072014 \cdot 10^{-308}$
(h)	$\bar{x}_{max}$	000F FFFF FFFF FFFF	$2.225073858507201 \cdot 10^{-308}$
(i)	$\bar{x}_{min}$	0000 0000 0000 0001	$5 \cdot 10^{-324}$
(j)	$+\infty$	7FF0 0000 0000 0000	$+\infty$
(k)	$-\infty$	FFF0 0000 0000 0000	$-\infty$
(l)	NaN	7FF8 0000 0000 0000	NaN (eine mögliche Variante)

5.4 Runden

Der Standard IEEE 754 beinhaltet vier Rundungsmethoden, die sowohl bei Dezimalzahlen als auch bei Dualzahlen anwendbar sind. Wir gehen für die nachfolgenden Betrachtungen wieder von folgender Darstellung einer reellen Zahl x aus:

$$\begin{aligned} m &= \pm \sum_{i=0}^{\infty} m_i \cdot b^{-i} \\ x &= \pm m \cdot b^e, \end{aligned}$$

mit $0 \leq m_i \leq b-1$, $m_i \in \mathbb{N}$. Die Mantisse m

$$m = m_0.m_1 \cdots m_{p-1} m_p \cdots$$

soll nun auf $p-1$ Stellen gerundet werden. Die Rundungsmethoden sind im einzelnen:

1. *Abschneiden* (truncate): Alle nicht darstellbaren Ziffern werden abgeschnitten. Damit ist der Betrag der gerundeten Zahl niemals größer als der Betrag der ursprünglichen Zahl.

$$\hat{m} = m_0.m_1 \cdots m_{p-1} \tag{5.16}$$

2. *Gerichtetes Aufrunden* (round toward $+\infty$): Es wird auf die nächstgrößere Zahl aufgerundet. Damit ist die gerundete Zahl niemals kleiner als die ursprüngliche Zahl. Bei negativen Zahlen werden alle nicht darstellbaren Ziffern abgeschnitten.

$$\hat{m} = \begin{cases} m_0.m_1 \cdots m_{p-1} + b^{-(p-1)}, & \text{wenn } m > 0 \\ m_0.m_1 \cdots m_{p-1}, & \text{wenn } m < 0 \end{cases} \tag{5.17}$$

3. *Gerichtetes Abrunden* (round toward $-\infty$): Es wird auf die nächstkleinere Zahl abgerundet. Damit ist die gerundete Zahl niemals größer als die ursprüngliche Zahl. Bei positiven Zahlen werden alle nicht darstellbaren Ziffern abgeschnitten.

$$\tilde{m} = \begin{cases} m_0.m_1 \cdots m_{p-1}, & \text{wenn } m > 0 \\ m_0.m_1 \cdots m_{p-1} + b^{-(p-1)}, & \text{wenn } m < 0 \end{cases} \tag{5.18}$$

4. Rundung auf den *nächstgelegenen Wert* (round to nearest even): Falls zwei darstellbare Zahlen gleich weit entfernt sind, dann wird zu derjenigen Zahl gerundet, die auf Null bzw. eine gerade Ziffer endet. Bei negativen Zahlen bildet man den Betrag, rundet sodann und versieht das Ergebnis wieder mit negativem Vorzeichen.

$$\tilde{m} = \begin{cases} m_0.m_1 \cdots m_{p-1}, & \text{wenn } 0.m_p m_{p+1} \cdots < \frac{b}{2} \\ m_0.m_1 \cdots m_{p-1}, & \text{wenn } 0.m_p m_{p+1} \cdots = \frac{b}{2} \text{ und } m_{p-1} \text{ gerade} \\ m_0.m_1 \cdots m_{p-1} + b^{-(p-1)}, & \text{wenn } 0.m_p m_{p+1} \cdots = \frac{b}{2} \text{ und } m_{p-1} \text{ ungerade} \\ m_0.m_1 \cdots m_{p-1} + b^{-(p-1)}, & \text{wenn } 0.m_p m_{p+1} \cdots > \frac{b}{2} \end{cases}$$

Der interessierte Leser sei für weiterführende Information zum Thema Numerik und im speziellen Runden auf [6] verwiesen. Dieser Artikel kann zu Recht als Klassiker bezeichnet werden.

Aufgabe 5.20 *Runden Sie die Dualzahlen (a)* 1.0000, *(b)* 1.0100 *(c)* 1.1100, *(d)* 1.0101, *(e)* 1.0011, *(f)* −1.0100 *und (g)* −1.1100 *nach den vier im IEEE 754 festgelegten Rundungsmethoden auf eine Nachkommastelle!*

Lösung.

		truncate	toward $+\infty$	toward $-\infty$	nearest even
(a)	1.0000	1.0	1.0	1.0	1.0
(b)	1.0100	1.0	1.1	1.0	1.0
(c)	1.1100	1.1	10.0	1.1	10.0
(d)	1.0101	1.0	1.1	1.0	1.1
(e)	1.0011	1.0	1.1	1.0	1.0
(f)	-1.0100	-1.0	-1.0	-1.1	-1.0
(g)	-1.1100	-1.1	-1.1	-10.0	-10.0

Aufgabe 5.21 *Stellen Sie die Zahlen (a)* 0.025, *(b)* 0.1, *(c)* 0.1328125 *und (d)* 0.1484375 *auf 6 Nachkommastellen gerundet im Dualsystem dar, wobei die vier im IEEE 754 festgelegten Rundungsmethoden verwendet werden sollen.*

Lösung.

			truncate	toward $+\infty$	toward $-\infty$	nearest even
(a)	$(0.025)_{10}$	$(0.000\overline{0011})_2$	$(0.000001)_2$	$(0.000010)_2$	$(0.000001)_2$	$(0.000010)_2$
(b)	$(0.1)_{10}$	$(0.0\overline{0011})_2$	$(0.000110)_2$	$(0.000111)_2$	$(0.000110)_2$	$(0.000110)_2$
(c)	$(0.1328125)_{10}$	$(0.0010001)_2$	$(0.001000)_2$	$(0.001001)_2$	$(0.001000)_2$	$(0.001000)_2$
(d)	$(0.1484375)_{10}$	$(0.0010011)_2$	$(0.001001)_2$	$(0.001010)_2$	$(0.001001)_2$	$(0.001010)_2$

5.5 Gleitpunkt Arithmetik – Addition/Subtraktion

Die Addition/Subtraktion von zwei *normalisierten* Gleitpunktzahlen x_1 und x_2 (mit $x_1 < x_2$) erfolgt in vier Schritten. Zur Bezeichnung der jeweiligen Mantissen und Exponenten verwenden wir die Notation M_1 und M_2 bzw. E_1 und E_2:

1. *Anpassen der Exponenten*: Der Exponent der betragsmäßig kleineren Zahl x_1 wird an den Exponenten der größeren Zahl x_2 angeglichen. Die Mantisse M_1 muss dementsprechend justiert werden. Dazu erweitert man sie an den Stellen m_p, m_{p+1} und m_{p+2} um Guard-Digit g, Round-Digit r und Sticky-Bit s und verschiebt sie um $d = E_2 - E_1$ Stellen nach rechts. Wird beim Rechts-Schieben der Mantissenstellen das Sticky-Bit auf 1 gesetzt, so bleibt es auf 1.

2. *Berechnung*: Nun wird die Summe $M_S = M_1 + M_2$ berechnet, wobei die Vorzeichen von x_1 und x_2 zu beachten sind. Guard-Digit, Round-Digit und Sticky-Bit werden in diese Berechnungen aufgenommen.

3. *Normalisierung*:

   - Falls im Berechnungsschritt kein Übertrag entstanden ist, wird M_S um so viele Stellen nach links verschoben, bis die Normalisierungsbedingung $m_0 \neq 0$ erfüllt ist. Von rechts werden in M_S dabei Nullen nachgeschoben, d.h., die Inhalte der Mantissenstellen m_i sowie die Inhalte des Guard- und Round-Digits wandern bei jedem Schritt um eine Stelle nach links, wobei auf die freiwerdende Position des Round-Digits eine Null nachgeschoben wird. Das Sticky Bit bleibt bei diesem Vorgang unangetastet, der Exponent E des Ergebnisses wird bei jedem Schritt um 1 reduziert.
   - Falls im Berechnungsschritt an der höchstwertigen Stelle m_0 ein Übertrag entstanden ist, wird M_S um eine Stelle nach rechts geschoben und der Exponent E_S des Ergebnisses um 1 erhöht. Wenn bei dieser Operation der Wert der über das Round Digit hinausgeschobenen Stelle > 0 ist, so hat dieser Umstand in die Berechnung des Sticky-Bits einzufließen: Falls das Sticky-Bit bisher 0 war, so wird es auf 1 gesetzt, ansonsten bleibt es auf 1.

4. *Runden*: Das Ergebnis ist nun noch anhand der jeweils verwendeten Rundungsfunktion zu runden. Folgende Tabelle gibt das Verfahren vereinfacht für die im IEEE Standard festgehaltene Rundungsmethode *round to even* wieder.

g	r	s	Vorgangsweise
0	x	x	M_S bleibt unverändert
1	1	x	$M_S = M_S + 2^{-(p-1)}$
1	0	0	falls $m_{p-1} = 0$, M_S bleibt unverändert
			falls LSB $m_{p-1} = 1$, dann $M_S = M_S + 2^{-(p-1)}$
1	0	1	falls x_1 und x_2 dasselbe Vorzeichen haben, dann $M_S = M_S + 2^{-(p-1)}$
			falls x_1 und x_2 unterschiedliches Vorzeichen haben, M_S bleibt unverändert

Tabelle 5.1: Rundungsverfahren unter Zuhilfenahme von g, r und s

Aufgabe 5.22 *Addieren Sie folgende nach dem IEEE 754* Single Precision *Format codierte Bitfolgen?*

	VZ	*Exponent*								*Mantisse*		
	v	e_7	e_6	e_5	e_4	e_3	e_2	e_1	e_0	m_1	...	m_{23}
	d_{31}	d_{30}	d_{29}	d_{28}	d_{27}	d_{26}	d_{25}	d_{24}	d_{23}	d_{22}	...	d_0
x_1	1	1	0	0	0	0	0	0	0	1	100000000000000001111	1
x_2	1	1	0	0	0	0	0	1	0	1	110000000000000000100	1

Lösung.

1. *Anpassen der Exponenten:*†

	VZ	Exponent								Mantisse			g	r	s
	v	e_7	e_6	e_5	e_4	e_3	e_2	e_1	e_0	m_1	...	m_{23}			
	d_{31}	d_{30}	d_{29}	d_{28}	d_{27}	d_{26}	d_{25}	d_{24}	d_{23}	d_{22}	...	d_0			
x_1	1	1	0	0	0	0	0	0	0	(1)1	100000000000000001111	1			
x_1	1	1	0	0	0	0	0	0	1	(0)1	110000000000000000111	1	1		
x_1	1	1	0	0	0	0	0	1	0	(0)0	111000000000000000011	1	1	1	

2. *Berechnung:*

Mantisse	g	r	s
1.11100000000000000001001	0	0	0
+ 0.01110000000000000000111	1	1	0
10.01010000000000000010000	1	1	0

	VZ	Exponent								Mantisse			g	r	s
	v	e_7	e_6	e_5	e_4	e_3	e_2	e_1	e_0	m_1	...	m_{23}			
	d_{31}	d_{30}	d_{29}	d_{28}	d_{27}	d_{26}	d_{25}	d_{24}	d_{23}	d_{22}	...	d_0			
x_1	1	1	0	0	0	0	0	1	0	(0)0	111000000000000000011	1	1	1	
x_2	1	1	0	0	0	0	0	1	0	(1)1	110000000000000000100	1			
x_S	1	1	0	0	0	0	0	1	0	(10)0	101000000000000001000	0	1	1	0

3. *Normalisierung:*

	VZ	Exponent								Mantisse			g	r	s
	v	e_7	e_6	e_5	e_4	e_3	e_2	e_1	e_0	m_1	...	m_{23}			
	d_{31}	d_{30}	d_{29}	d_{28}	d_{27}	d_{26}	d_{25}	d_{24}	d_{23}	d_{22}	...	d_0			
x_S	1	1	0	0	0	0	0	1	0	(10)0	101000000000000001000	0	1	1	0
x_S	1	1	0	0	0	0	0	1	1	(1)0	010100000000000000100	0	0	1	1

4. *Runden:*

	VZ	Exponent								Mantisse		
	v	e_7	e_6	e_5	e_4	e_3	e_2	e_1	e_0	m_1	...	m_{23}
	d_{31}	d_{30}	d_{29}	d_{28}	d_{27}	d_{26}	d_{25}	d_{24}	d_{23}	d_{22}	...	d_0
truncate(x_S)	1	1	0	0	0	0	0	1	1	0	010100000000000000100	0
to $+\infty$(x_S)	1	1	0	0	0	0	0	1	1	0	010100000000000000100	0
to $-\infty$(x_S)	1	1	0	0	0	0	0	1	1	0	010100000000000000100	1
to even(x_S)	1	1	0	0	0	0	0	1	1	0	010100000000000000100	0

†Der in d_{22} stehende geklammerte Ausdruck steht für das implizit codierte Bit m_0.

Aufgabe 5.23 *Die Dezimalzahlen $x_1 = 5.92$ und $x_2 = 60.47$ sind in folgendes Gleitpunktformat umzurechnen: Vorzeichen, 5 Stellen Exponent, 10 Stellen Mantisse mit expliziter Darstellung der führenden '1'. Runden Sie dabei durch Abschneiden (truncate). Bilden Sie die Summe $x_S = x_1 + x_2$ und verwenden Sie Guard- und Round-Digit sowie das Sticky-Bit zur Vermeidung von numerischen Ungenauigkeiten. Runden Sie hier stets nach der Methode „round to even". Geben Sie auch die Zwischenergebnisse vor der Normalisierung des Resultats, nach der Normalisierung des Resultats und nach der Rundung an.*

Lösung.

(a) Umwandeln und Normalisieren:

$$
\begin{aligned}
x_1 &= (5.92)_{10} = (101.1110101)_2 \cdot 2^0 = (0.1011110101)_2 \cdot 2^3 \\
x_2 &= (60.47)_{10} = (111100.0111)_2 \cdot 2^0 = (0.1111000111)_2 \cdot 2^6
\end{aligned}
$$

(b) Codieren:

	VZ	Exponent					Mantisse									
	v	e_4	e_3	e_2	e_1	e_0	m_1	m_2	m_3	m_4	m_5	m_6	m_7	m_8	m_9	m_{10}
	d_{15}	d_{14}	d_{13}	d_{12}	d_{11}	d_{10}	d_9	d_8	d_7	d_6	d_5	d_4	d_3	d_2	d_1	d_0
x_1	0	1	0	0	1	1	1	0	1	1	1	1	0	1	0	1
x_2	0	1	0	1	1	0	1	1	1	1	0	0	0	1	1	1

(c) Anpassen der Exponenten:

	VZ	Exponent					Mantisse										g	r	s
	v	e_4	e_3	e_2	e_1	e_0	m_1	m_2	m_3	m_4	m_5	m_6	m_7	m_8	m_9	m_{10}			
	d_{15}	d_{14}	d_{13}	d_{12}	d_{11}	d_{10}	d_9	d_8	d_7	d_6	d_5	d_4	d_3	d_2	d_1	d_0			
x_1	0	1	0	0	1	1	1	0	1	1	1	1	0	1	0	1			
x_1	0	1	0	1	0	0	0	1	0	1	1	1	1	0	1	0	1		
x_1	0	1	0	1	0	1	0	0	1	0	1	1	1	1	0	1	0	1	
x_1	0	1	0	1	1	0	0	0	0	1	0	1	1	1	1	0	1	0	1

(d) Berechnung:

	VZ	Exponent					Mantisse										g	r	s
	v	e_4	e_3	e_2	e_1	e_0	m_1	m_2	m_3	m_4	m_5	m_6	m_7	m_8	m_9	m_{10}			
	d_{15}	d_{14}	d_{13}	d_{12}	d_{11}	d_{10}	d_9	d_8	d_7	d_6	d_5	d_4	d_3	d_2	d_1	d_0			
x_1	0	1	0	1	1	0	0	0	0	1	0	1	1	1	1	0	1	0	1
x_2	0	1	0	1	1	0	1	1	1	1	0	0	0	1	1	1	0	0	0
x_S	0	1	0	1	1	0	(10)	0	0	0	1	0	0	1	0	1	1	0	1

(e) Normalisierung:

	VZ	Exponent					Mantisse										g	r	s
	v	e_4	e_3	e_2	e_1	e_0	m_1	m_2	m_3	m_4	m_5	m_6	m_7	m_8	m_9	m_{10}			
	d_{15}	d_{14}	d_{13}	d_{12}	d_{11}	d_{10}	d_9	d_8	d_7	d_6	d_5	d_4	d_3	d_2	d_1	d_0			
x_S	0	1	0	1	1	0	(10)	0	0	0	1	0	0	1	0	1	1	0	1
x_S	0	1	0	1	1	1	1	0	0	0	0	1	0	0	1	0	1	1	1

(f) Rundung:

	VZ	Exponent					Mantisse									
	v	e_4	e_3	e_2	e_1	e_0	m_1	m_2	m_3	m_4	m_5	m_6	m_7	m_8	m_9	m_{10}
	d_{15}	d_{14}	d_{13}	d_{12}	d_{11}	d_{10}	d_9	d_8	d_7	d_6	d_5	d_4	d_3	d_2	d_1	d_0
x_S	0	1	0	1	1	1	1	0	0	0	0	1	0	0	1	1

Aufgabe 5.24 *Die Dezimalzahlen* $x_1 = 60.47$ *und* $x_2 = -68.51$ *sind in folgendes Gleitpunktformat umzurechnen: Vorzeichen, 5 Stellen Exponent, 10 Stellen Mantisse mit expliziter Darstellung der führenden '1'. Runden Sie dabei durch Abschneiden (truncate). Bilden Sie die Summe* $x_S = x_1 + x_2$ *und verwenden Sie Guard- und Round-Digit sowie das Sticky-Bit zur Vermeidung von numerischen Ungenauigkeiten. Runden Sie hier stets nach der Methode „round to even". Geben Sie auch die Zwischenergebnisse vor der Normalisierung des Resultats, nach der Normalisierung des Resultats und nach der Rundung an.*

Lösung.

(a) Umwandeln und Normalisieren:

$$\begin{aligned} x_1 &= (60.47)_{10} &&= (111100.0111)_2 \cdot 2^0 &&= (0.1111000111)_2 \cdot 2^6 \\ x_2 &= -(68.51)_{10} &&= -(1000100.100)_2 \cdot 2^0 &&= -(0.1000100100)_2 \cdot 2^7 \end{aligned}$$

(b) Codieren:

	VZ	Exponent					Mantisse									
	v	e_4	e_3	e_2	e_1	e_0	m_1	m_2	m_3	m_4	m_5	m_6	m_7	m_8	m_9	m_{10}
	d_{15}	d_{14}	d_{13}	d_{12}	d_{11}	d_{10}	d_9	d_8	d_7	d_6	d_5	d_4	d_3	d_2	d_1	d_0
x_1	0	1	0	1	1	0	1	1	1	1	0	0	0	1	1	1
x_2	1	1	0	1	1	1	1	0	0	0	1	0	0	1	0	0

(c) Anpassen der Exponenten:

	VZ	Exponent					Mantisse										g	r	s
	v	e_4	e_3	e_2	e_1	e_0	m_1	m_2	m_3	m_4	m_5	m_6	m_7	m_8	m_9	m_{10}			
	d_{15}	d_{14}	d_{13}	d_{12}	d_{11}	d_{10}	d_9	d_8	d_7	d_6	d_5	d_4	d_3	d_2	d_1	d_0			
x_1	0	1	0	1	1	0	1	1	1	1	0	0	0	1	1	1			
x_1	0	1	0	1	1	1	0	1	1	1	1	0	0	0	1	1	1		

(d) Berechnung:

	VZ	Exponent					Mantisse										g	r	s
	v	e_4	e_3	e_2	e_1	e_0	m_1	m_2	m_3	m_4	m_5	m_6	m_7	m_8	m_9	m_{10}			
	d_{15}	d_{14}	d_{13}	d_{12}	d_{11}	d_{10}	d_9	d_8	d_7	d_6	d_5	d_4	d_3	d_2	d_1	d_0			
x_1	0	1	0	1	1	1	0	1	1	1	1	0	0	0	1	1	1	0	0
x_2	1	1	0	1	1	1	1	0	0	0	1	0	0	1	0	0	0	0	0
x_S	1	1	0	1	1	1	0	0	0	1	0	0	0	0	0	0	1	0	0

(e) Normalisierung:

	VZ	Exponent					Mantisse										g	r	s
	v	e_4	e_3	e_2	e_1	e_0	m_1	m_2	m_3	m_4	m_5	m_6	m_7	m_8	m_9	m_{10}			
	d_{15}	d_{14}	d_{13}	d_{12}	d_{11}	d_{10}	d_9	d_8	d_7	d_6	d_5	d_4	d_3	d_2	d_1	d_0			
x_S	1	1	0	1	1	1	0	0	0	1	0	0	0	0	0	0	1	0	0
x_S	1	1	0	1	1	0	0	0	1	0	0	0	0	0	0	1	0	0	0
x_S	1	1	0	1	0	1	0	1	0	0	0	0	0	0	1	0	0	0	0
x_S	1	1	0	1	0	0	1	0	0	0	0	0	0	1	0	0	0	0	0

(f) Rundung:

	VZ	Exponent					Mantisse									
	v	e_4	e_3	e_2	e_1	e_0	m_1	m_2	m_3	m_4	m_5	m_6	m_7	m_8	m_9	m_{10}
	d_{15}	d_{14}	d_{13}	d_{12}	d_{11}	d_{10}	d_9	d_8	d_7	d_6	d_5	d_4	d_3	d_2	d_1	d_0
x_S	1	1	0	1	0	0	1	0	0	0	0	0	0	1	0	0

Aufgabe 5.25 *Die Dezimalzahlen* $x_1 = 6.55$ *und* $x_2 = 79.07$ *sind in folgendes Gleitpunktformat umzurechnen: Vorzeichen, 5 Stellen Exponent, 10 Stellen Mantisse mit expliziter Darstellung der führenden '1'. Runden Sie dabei durch Abschneiden (truncate). Bilden Sie die Summe* $x_S = x_1 + x_2$ *und verwenden Sie Guard- und Round-Digit sowie das Sticky-Bit zur Vermeidung von numerischen Ungenauigkeiten. Runden Sie hier stets nach der Methode „round to even". Geben Sie auch die Zwischenergebnisse vor der Normalisierung des Resultats, nach der Normalisierung des Resultats und nach der Rundung an.*

Lösung.

(a) Umwandeln und Normalisieren:

$$\begin{aligned} x_1 &= (6.55)_{10} = (110.1000110)_2 \cdot 2^0 = (0.1101000110)_2 \cdot 2^3 \\ x_2 &= (79.07)_{10} = (1001111.000)_2 \cdot 2^0 = (0.1001111000)_2 \cdot 2^7 \end{aligned}$$

(b) Codieren:

	VZ	Exponent					Mantisse									
	v	e_4	e_3	e_2	e_1	e_0	m_1	m_2	m_3	m_4	m_5	m_6	m_7	m_8	m_9	m_{10}
	d_{15}	d_{14}	d_{13}	d_{12}	d_{11}	d_{10}	d_9	d_8	d_7	d_6	d_5	d_4	d_3	d_2	d_1	d_0
x_1	0	1	0	0	1	1	1	1	0	1	0	0	0	1	1	0
x_2	0	1	0	1	1	1	1	0	0	1	1	1	1	0	0	0

(c) Anpassen der Exponenten:

	VZ	Exponent					Mantisse										g	r	s
	v	e_4	e_3	e_2	e_1	e_0	m_1	m_2	m_3	m_4	m_5	m_6	m_7	m_8	m_9	m_{10}			
	d_{15}	d_{14}	d_{13}	d_{12}	d_{11}	d_{10}	d_9	d_8	d_7	d_6	d_5	d_4	d_3	d_2	d_1	d_0			
x_1	0	1	0	0	1	1	1	1	0	1	0	0	0	1	1	0			
x_1	0	1	0	1	0	0	0	1	1	0	1	0	0	0	1	1	0		
x_1	0	1	0	1	0	1	0	0	1	1	0	1	0	0	0	1	1	0	
x_1	0	1	0	1	1	0	0	0	0	1	1	0	1	0	0	0	1	1	0
x_1	0	1	0	1	1	1	0	0	0	0	1	1	0	1	0	0	0	1	1

(d) Berechnung:

	VZ	Exponent					Mantisse										g	r	s
	v	e_4	e_3	e_2	e_1	e_0	m_1	m_2	m_3	m_4	m_5	m_6	m_7	m_8	m_9	m_{10}			
	d_{15}	d_{14}	d_{13}	d_{12}	d_{11}	d_{10}	d_9	d_8	d_7	d_6	d_5	d_4	d_3	d_2	d_1	d_0			
x_1	0	1	0	1	1	1	0	0	0	0	1	1	0	1	0	0	0	1	1
x_2	0	1	0	1	1	1	1	0	0	1	1	1	1	0	0	0	0	0	0
x_S	0	1	0	1	1	1	1	0	1	0	1	0	1	1	0	0	0	1	1

(e) Normalisierung: x_S ist bereits normalisiert!

(f) Rundung:

	VZ	Exponent					Mantisse									
	v	e_4	e_3	e_2	e_1	e_0	m_1	m_2	m_3	m_4	m_5	m_6	m_7	m_8	m_9	m_{10}
	d_{15}	d_{14}	d_{13}	d_{12}	d_{11}	d_{10}	d_9	d_8	d_7	d_6	d_5	d_4	d_3	d_2	d_1	d_0
x_S	0	1	0	1	1	1	1	0	1	0	1	0	1	1	0	0

Aufgabe 5.26 *Zu den Aufgaben 5.23 - 5.25: Vergleichen Sie die gefundenen Ergebnisse mit jenen, die bei Berechnung im Dezimalsystem entstehen. Wodurch ergeben sich Unterschiede und wie groß sind diese?*

Lösung.

- zu Aufgabe 5.23:

$$\begin{aligned} x_S &= (0{,}1011110101)_2 \cdot 2^3 &+& (0{,}1111000111)_2 \cdot 2^6 \\ &= (0{,}1000010011)_2 \cdot 2^7 &=& (66{,}375)_{10} \\ x_S &= (5{,}92)_{10} + (60{,}47)_{10} &=& (66{,}39)_{10} \end{aligned}$$

Die absolute Abweichung Δx vom korrekten Ergebnis beträgt:

$$\Delta x = |66{,}39 - 66{,}375| = 0{,}015$$

Die relative Abweichung Δx_r vom korrekten Ergebnis beträgt:

$$\Delta x_r = |\frac{66{,}39 - 66{,}375}{66{,}39}| \approx 0{,}0226\%$$

- zu Aufgabe 5.24:

$$\begin{aligned} x_S &= (0{,}1111000111)_2 \cdot 2^6 &-& (0{,}1000100100)_2 \cdot 2^7 \\ &= -(0{,}1000000100)_2 \cdot 2^4 &=& -(8{,}0625)_{10} \\ x_S &= (60{,}47)_{10} - (68{,}51)_{10} &=& -(8{,}04)_{10} \end{aligned}$$

Die absolute Abweichung Δx vom korrekten Ergebnis beträgt:

$$\Delta x = |-8{,}04 + 8{,}0625| = 0{,}0225$$

Die relative Abweichung Δx_r vom korrekten Ergebnis beträgt:

$$\Delta x_r = |\frac{-8{,}04 + 8{,}0625}{8{,}04}| \approx 0{,}2799\%$$

- zu Aufgabe 5.25:

$$\begin{aligned} x_S &= (0{,}1101000110)_2 \cdot 2^3 &+& (0{,}1001111000)_2 \cdot 2^7 \\ &= (1010101100_2) \cdot 2^7 &=& (85{,}5)_{10} \\ x_S &= (6{,}55)_{10} + (79{,}07)_{10} &=& (85{,}62)_{10} \end{aligned}$$

Die absolute Abweichung Δx vom korrekten Ergebnis beträgt:

$$\Delta x = |85{,}62 - 85{,}5| = 0{,}12$$

Die relative Abweichung Δx_r vom korrekten Ergebnis beträgt:

$$\Delta x_r = |\frac{85{,}62 - 85{,}5}{85{,}62}| \approx 0{,}1402\%$$

Die Fehler ergeben sich vorwiegend durch Codierung der Zahlen in das gewünschte Format unter Anwendung der Rundungsmethode *truncate*, aber auch durch die Rundung des Ergebnisses mittels der Rundungsmethode *round to even*.

Aufgabe 5.27 *Gilt das* Assoziativgesetz *bei der Addition von Gleitkommazahlen in Computern? Begründen Sie Ihre Antwort!*

Lösung. Das Assoziativgesetz gilt bei der Addition von Gleitkommazahlen in Computern wegen Auslöschung bzw. Rechen-/Rundungsungenauigkeiten nicht.

Aufgabe 5.28 *Gilt das* Kommutativgesetz *bei der Addition von Gleitkommazahlen in Computern? Begründen Sie Ihre Antwort!*

Lösung. Ja, da bei der Addition immer der Exponent der betragsmäßig kleineren Zahl an den Exponenten der größeren Zahl angeglichen wird und es auch sonst keine Schritte in der Addition gibt, die von der Reihenfolge der Operanden abhängig sind. Rundungsfehler treten in gleichem Ausmaß für beide möglichen Reihenfolgen der Addition auf.

Aufgabe 5.29 *Spielt die Reihenfolge der Summation der einzelnen Glieder einer Reihe von Gleitkommazahlen für die Berechnung der Reihe in einem Computer eine Rolle? Begründen Sie Ihre Antwort! Falls Ihre Antwort* nein *ist, geben Sie an, welches Gesetz dann für die Addition von Gleitkommazahlen gilt! Falls Ihre Antwort* ja *ist, geben Sie die bevorzugte Reihenfolge an!*

Lösung. Ja, da das Assoziativgesetz für die Addition von Gleitkommazahlen in Computern nicht gilt. Die kleineren Glieder der Reihe sollten zuerst summiert werden. Dadurch wird sichergestellt, dass bei jeder Addition die Differenz der Summanden relativ klein ist, wodurch auch die Fehler bei den Additionen klein werden.

5.6 Gleitpunkt Arithmetik – Multiplikation/Division

Die Multiplikation und Division von zwei *normalisierten* Gleitpunktzahlen x_1 und x_2 erfolgt in vier Schritten. Zur Bezeichnung der jeweiligen Mantissen und Exponenten verwenden wir wieder die Notation M_1 und M_2 bzw. E_1 und E_2:

1. Die Mantissen M_1 und M_2 werden im Falle der Multiplikation multipliziert, bei der Division dividiert.
$$\begin{aligned} M_m &= M_1 \cdot M_2 \\ M_d &= M_1/M_2 \end{aligned} \tag{5.19}$$
2. Die Exponenten E_1 und E_2 werden im Falle der Multiplikation addiert, anderenfalls subtrahiert. Falls die Exponenten in Exzessdarstellung vorliegen, muss der Exzess wie folgt berücksichtigt werden:
$$\begin{aligned} E_m &= E_1 + E_2 - \text{Exzess} \\ E_d &= E_1 - E_2 + \text{Exzess} \end{aligned} \tag{5.20}$$
3. Das Ergebnis muss normalisiert und gerundet werden.
4. Das Vorzeichenbit der Mantisse muss gesetzt werden.

Aufgabe 5.30 *Die Dezimalzahlen* $x_1 = 40.0$ *und* $x_2 = -1.0625$ *sind in folgendes Gleitpunktformat umzurechnen: Vorzeichen, 5 Stellen Exponent, 10 Stellen Mantisse mit expliziter Darstellung der führenden '1'. Bilden Sie das Produkt* $x_M = x_1 \cdot x_2$ *und runden Sie durch Abschneiden (truncate).*

Lösung.

(a) Umwandeln und Normalisieren:

$$\begin{aligned} x_1 &= (40.0)_{10} = (101000.0)_2 \cdot 2^0 = (0.10100)_2 \cdot 2^6 \\ x_2 &= -(1.0625)_{10} = -(1.0001)_2 \cdot 2^0 = -(0.10001)_2 \cdot 2^1 \end{aligned}$$

(b) Codieren:

	VZ	Exponent					Mantisse									
	v	e_4	e_3	e_2	e_1	e_0	m_1	m_2	m_3	m_4	m_5	m_6	m_7	m_8	m_9	m_{10}
	d_{15}	d_{14}	d_{13}	d_{12}	d_{11}	d_{10}	d_9	d_8	d_7	d_6	d_5	d_4	d_3	d_2	d_1	d_0
x_1	0	1	0	1	1	0	1	0	1	0	0	0	0	0	0	0
x_2	1	1	0	0	0	1	1	0	0	0	1	0	0	0	0	0

(c) Berechnung Mantisse: Das Produkt zweier 10 Bit großer Mantissen ist 20 Bit groß.

$$\frac{0.1010000000 \cdot 0.1000100000}{0.01010101000000000000}$$

Das Ergebnis wird auf 10 Bit abgeschnitten.

$$x_M = 0.0101010100$$

(d) Berechnung Exponent: Die Exponenten werden addiert und der Exzess 32 subtrahiert.

$$\begin{array}{rr} & 10110 \\ + & 10001 \\ \hline & 100111 \end{array} \qquad \begin{array}{rr} & 100111 \\ - & 10000 \\ \hline & 10111 \end{array}$$

(e) Setzen des Vorzeichens: $v = 1$

(f) Normalisieren und Codieren:

	VZ	Exponent					Mantisse									
	v	e_4	e_3	e_2	e_1	e_0	m_1	m_2	m_3	m_4	m_5	m_6	m_7	m_8	m_9	m_{10}
	d_{15}	d_{14}	d_{13}	d_{12}	d_{11}	d_{10}	d_9	d_8	d_7	d_6	d_5	d_4	d_3	d_2	d_1	d_0
x_M	1	1	0	1	1	1	0	1	0	1	0	1	0	1	0	0
x_M	1	1	0	1	1	0	1	0	1	0	1	0	1	0	0	0

Aufgabe 5.31 *Wandeln Sie die beiden Zahlen* $x_1 = -18$ *und* $x_2 = 9.5$ *in das IEEE 754* Single Precision *Format um und bilden Sie das Produkt! Verwenden Sie bei der Multiplikation die Rundungsmethode* truncate*!*

Lösung.

1. Umwandeln und Normalisieren:

$$\begin{aligned} x_1 &= -(18.0)_{10} = -(10010.0)_2 \cdot 2^0 = -(1.0010)_2 \cdot 2^4 \\ x_2 &= (9.5)_{10} = (1001.1)_2 \cdot 2^0 = (1.0011)_2 \cdot 2^3 \end{aligned}$$

2. Codieren:

	VZ	Exponent								Mantisse		
	v	e_7	e_6	e_5	e_4	e_3	e_2	e_1	e_0	m_1	…	m_{23}
	d_{31}	d_{30}	d_{29}	d_{28}	d_{27}	d_{26}	d_{25}	d_{24}	d_{23}	d_{22}	…	d_0
x_1	1	1	0	0	0	0	0	1	1	0	010000000000000000000	0
x_2	0	1	0	0	0	0	0	1	0	0	011000000000000000000	0

3. Berechnung Mantisse:

   1.00100000000000000000000 · 1.00110000000000000000000

   1.0101011000000000000000000000000000000000000000

   Das Ergebnis wird auf 23 Stellen abgeschnitten.

   $x_M = 1.01010110000000000000000$

4. Berechnung Exponent: Die Exponenten werden addiert und der Exzess 127 subtrahiert.

```
   10000011        100000101
 + 10000010      -  01111111
 ----------      -----------
  100000101         10000110
```

5. Setzen des Vorzeichens: $v = 1$

6. Codieren:

	VZ	Exponent								Mantisse		
	v	e_7	e_6	e_5	e_4	e_3	e_2	e_1	e_0	m_1	…	m_{23}
	d_{31}	d_{30}	d_{29}	d_{28}	d_{27}	d_{26}	d_{25}	d_{24}	d_{23}	d_{22}	…	d_0
x_M	1	1	0	0	0	0	1	1	0	0	101011000000000000000	0

6 Algorithmen

Ein Algorithmus ist eine genau definierte Verarbeitungsvorschrift zur Lösung eines Problems oder einer bestimmten Art von Problemen. Typischerweise wird ein Algorithmus durch eine endliche Folge von Anweisungen beschrieben, die nacheinander ausgeführt und oft in festgelegter Weise wiederholt werden. Algorithmen können in natürlicher Sprache (verbal), durch graphische Darstellung (z.B. Flussdiagramme oder Nassi-Shneiderman-Diagramme), durch semiformale Sprachen (Pseudocode) oder formale Sprachen und Programmiersprachen beschrieben werden.

Die Güte eines Algorithmus lässt sich anhand von Laufzeitanalysen bestimmen. Ein Mittel, das Laufzeitverhalten von Algorithmen charakterisieren zu können, ist die Komplexität dieser genauer zu betrachten und untere und obere Schranken für sie zu definieren. Zur Definition einer oberen Schranke hat sich die in der Praxis sehr häufig verwendete O-Notation durchgesetzt, die von Paul Gustav Heinrich Bachmann (1837-1920) entwickelt wurde [1].

Es seien f und g Funktionen, welche die natürlichen Zahlen auf die reellen Zahlen abbilden:

$$\begin{aligned} f, g : \mathbf{N} &\rightarrow \mathbf{R} \\ g \in O(f) &\Leftrightarrow \exists\, c > 0\ \exists\, n_0 > 0\ \forall\, n \geq n_0 : g(n) \leq c \cdot f(n) \end{aligned} \tag{6.1}$$

D.h., die Funktion g wächst ab einem festen n_0 bis auf einen konstanten Faktor c höchstens so stark wie die Funktion f.

Gebräuchliche Komplexitätsklassen sind u.a.:

$O(1)$	konstanter Aufwand
$O(\log n)$	logarithmischer Aufwand
$O(n)$	linearer Aufwand
$O(n^2)$	quadratischer Aufwand
$O(n^k)$	polynomialer Aufwand
$O(2^n)$	exponentieller Aufwand

Aufgabe 6.1 *Geben Sie eine verbale Beschreibung der Komplexitätsklasse* $O(n \cdot \log n)$ *an!*

Lösung. Die Komplexitätsklasse $O(n \cdot \log n)$ kann mit den Worten „leicht überlinearer Aufwand" beschrieben werden.

Aufgabe 6.2 *Geben Sie die Rechenregeln zur „Vergröberung" folgender Funktionen an: (a)* $c \cdot O(f(n))$, *(b)* $O(f(n)) + O(f(n))$, *(c)* $O(f(n)) \cdot O(g(n))$, *(d)* $O(f(n) \cdot g(n))$, *(e)* $f(n) \cdot O(g(n))$ *und (f)* $O(O(f(n)))$

Lösung.

(a) $c \cdot O(f(n)) = O(f(n))$ für eine beliebige Konstante c

(b) $O(f(n)) + O(f(n)) = O(f(n))$

(c) $O(f(n)) \cdot O(g(n)) = O(f(n) \cdot g(n))$

(d) $O(f(n) \cdot g(n)) = f(n) \cdot O(g(n))$

(e) $f(n) \cdot O(g(n)) = O(f(n) \cdot g(n))$

(f) $O(O(f(n))) = O(f(n))$

Aufgabe 6.3 *Geben Sie eine obere Schranke für die Funktion* $f(n) = 4 \cdot n^4 + 3 \cdot n^2 + 6 \cdot \log n + 2$ *an!*

Lösung.

$$\begin{aligned} O(4 \cdot n^4 + 3 \cdot n^2 + 6 \cdot \log n + 2) &= O(4 \cdot n^4) + O(3 \cdot n^2) + O(6 \cdot \log n) + O(2) \\ &= O(n^4) + O(n^2) + O(\log n) + O(1) \\ &= O(n^4) + O(n^2) + O(\log n) \\ &= O(n^4) + O(n^2) \\ &= O(n^4) \end{aligned}$$

Aufgabe 6.4 *Geben Sie die Laufzeitabschätzung für folgende* `for`*-Schleife an:*

```
for (i=0; i < n, i++)
    board[i]=0;
```

Lösung. Die Anweisung `board[i]=0` hat den Aufwand $O(1)$. Insgesamt treten n Iterationen auf, womit die Laufzeitabschätzung $n \cdot O(1) = O(n)$ beträgt.

Aufgabe 6.5 *Geben Sie die Laufzeitabschätzung für folgende* `for`*-Schleifen an:*

```
for (i=0; i < n; i++)
    for (j=0; j < n; j++)
        board[i][j]=0;
```

Lösung. Die Anweisung `board[i][j]=0` hat wieder den Aufwand $O(1)$. Die innere und äußere `for`-Schleife weisen jeweils n Iterationen auf, womit die Laufzeitabschätzung $n \cdot n \cdot O(1) = O(n^2)$ beträgt.

Aufgabe 6.6 *Geben Sie die Laufzeitabschätzung für folgende* `if`*-Anweisung an:*

```
if (k == 0)
    board[n]=0;
else
    for (i=0; i < n; i++)
        board[i]=1;
```

Lösung. Der Aufwand der Auswertung der `if`-Anweisung sowie die erste Alternative ist $O(1)$. Der Aufwand der `else`-Anweisung ist $O(n)$. Der Gesamtaufwand beträgt daher

$$O(1) + \max(O(1), O(n)) = O(n).$$

Aufgabe 6.7 *Gegeben ist folgendes Java-Programm, das* n *ganze Zahlen* $a_0, \cdots, a_{n-1}$ *zu einer Folge* $a'_0, \cdots, a'_{n-1}$ *sortiert, so dass die Bedingung* $a'_0 < \cdots < a'_{n-1}$ *erfüllt ist.*

```
00: public class Simple_Sort
01: {
02:         public static void Sort(int board[])
03:         {
04:                 for (int i=0; i < board.length-1; i++)
05:                         for (int j=0; j < board.length-1; j++)
06:                                 if (board[j] > board[j+1]) {
07:                                         int tmp=board[j+1];
08:                                         board[j+1]=board[j];
09:                                         board[j]=tmp;
10:                                 }
11:         }
12:
13:         public static void main(String [] args)
14:         {
15:                 int n=args.length;
16:                 int board[]=new int[n];
17:
18:                 for (int i=0; i < n; i++)
19:                         board[i]=Integer.parseInt(args[i]);
20:                 Sort(board);
21:                 for (int i=0; i < n; i++)
22:                         System.out.print(board[i]);
23:         }
24: }
```

Geben Sie Elemente der Zahlenreihe, die in dem Array `board` *gesichert ist, nach dem ersten, zweiten, usf. Durchlauf der ersten* `for`*-Schleife (Zeile 04) an, wenn das Programm mit den Eingabedaten* `8 6 4 9 7 5 3 2 1 0` *gestartet wird!*

Lösung.

1. Durchlauf: $a_0 = 6, a_1 = 4, a_2 = 8, a_3 = 7, a_4 = 5, a_5 = 3, a_6 = 2, a_7 = 1, a_8 = 0, a_9 = 9$
2. Durchlauf: $a_0 = 4, a_1 = 6, a_2 = 7, a_3 = 5, a_4 = 3, a_5 = 2, a_6 = 1, a_7 = 0, a_8 = 8, a_9 = 9$
3. Durchlauf: $a_0 = 4, a_1 = 6, a_2 = 5, a_3 = 3, a_4 = 2, a_5 = 1, a_6 = 0, a_7 = 7, a_8 = 8, a_9 = 9$
4. Durchlauf: $a_0 = 4, a_1 = 5, a_2 = 3, a_3 = 2, a_4 = 1, a_5 = 0, a_6 = 6, a_7 = 7, a_8 = 8, a_9 = 9$
5. Durchlauf: $a_0 = 4, a_1 = 3, a_2 = 2, a_3 = 1, a_4 = 0, a_5 = 5, a_6 = 6, a_7 = 7, a_8 = 8, a_9 = 9$
6. Durchlauf: $a_0 = 3, a_1 = 2, a_2 = 1, a_3 = 0, a_4 = 4, a_5 = 5, a_6 = 6, a_7 = 7, a_8 = 8, a_9 = 9$
7. Durchlauf: $a_0 = 2, a_1 = 1, a_2 = 0, a_3 = 3, a_4 = 4, a_5 = 5, a_6 = 6, a_7 = 7, a_8 = 8, a_9 = 9$
8. Durchlauf: $a_0 = 1, a_1 = 0, a_2 = 2, a_3 = 3, a_4 = 4, a_5 = 5, a_6 = 6, a_7 = 7, a_8 = 8, a_9 = 9$
9. Durchlauf: $a_0 = 0, a_1 = 1, a_2 = 2, a_3 = 3, a_4 = 4, a_5 = 5, a_6 = 6, a_7 = 7, a_8 = 8, a_9 = 9$

Aufgabe 6.8 *Zu Aufgabe 6.7: Analysieren Sie den Aufwand (Anzahl der Vergleiche) dieses Sortierverfahrens.*

Lösung.

Es findet sich ein Vergleich (Zeile 06) im Rumpf der zweiten `for`-Schleife (Zeile 05). Der Vergleich wird $(n-1)$-Mal durchgeführt. Die zweite Schleife wird ihrerseits $(n-1)$-Mal von der ersten `for`-Schleife (Zeile 04) aufgerufen, womit der Gesamtaufwand $(n-1)^2$ Vergleiche beträgt.

Formalisiert kann der Sachverhalt wie folgt wiedergegeben werden:

- Aufwand j-Schleife:

$$\sum_{j=1}^{n-1} 1 = n-1$$

- Aufwand i-Schleife:

$$\begin{aligned}\sum_{i=1}^{n-1}(n-1) &= \sum_{i=1}^{n-1} n - \sum_{i=1}^{n-1} 1\\ &= (n-1)\cdot n - (n-1)\\ &= (n^2 - 2\cdot n + 1)\\ &= (n-1)^2\end{aligned}$$

Aufgabe 6.9 *Zu Aufgabe 6.7: Welcher Komplexitätsklasse kann das Java-Programm* `Simple_Sort` *in O-Notation zugeordnet werden?*

Lösung. $O(\text{Simple\_Sort}) = O(n^2)$

Aufgabe 6.10 *Zu Aufgabe 6.7: Wo befindet sich nach dem ersten Durchlauf der ersten* `for`*-Schleife (Zeile 04) das größte Element des Arrays* `board`*, nach dem zweiten Durchlauf das zweitgrößte Element, usf. Kann man das angegebene Verfahren effizienter programmieren?*

Lösung. Nach dem

1. Durchgang befindet sich das größte Element an der Stelle `board.length-1`,
2. Durchgang befindet sich das zweitgrößte Element an der Stelle `board.length-2`,
3. Durchgang befindet sich das zweitgrößte Element an der Stelle `board.length-3`,
usf.
letzten Durchgang befindet sich das kleinste Element an der Stelle `0`.

Die zweite `for`-Schleife (Zeile 05) des ursprünglichen Programms muss daher im

1. Durchgang bis `board.length-1`,
2. Durchgang bis `board.length-2`,
3. Durchgang bis `board.length-3`,
i. Durchgang bis `board.length-i`

durchlaufen werden.

Eine effizientere Variante des Sortieralgorithmus könnte daher wie folgt formuliert werden:

```
00: public class Improved_Simple_Sort
01: {
02:         public static void Sort(int board[])
03:         {
04:             for (int i=0; i < board.length-1; i++)
05:                 for (int j=0; j < board.length-(1+i); j++)
06:                     if (board[j] > board[j+1]) {
07:                         int tmp=board[j+1];
08:                         board[j+1]=board[j];
09:                         board[j]=tmp;
10:                     }
11:         }
12:
13:         public static void main(String [] args)
14:         {
15:             int n=args.length;
16:             int board[]=new int[n];
17:
18:             for (int i=0; i < n; i++)
19:                 board[i]=Integer.parseInt(args[i]);
20:             Sort(board);
21:             for (int i=0; i < n; i++)
22:                 System.out.println(board[i]);
23:         }
24: }
```

Aufgabe 6.11 *Zu Aufgabe 6.10: Wie groß ist der Aufwand des Sortierverfahrens* Improved_Simple_Sort*?*

Lösung.

- Aufwand j-Schleife:

$$\sum_{j=1}^{n-i} 1 = n - i$$

- Aufwand i-Schleife:

$$\sum_{i=1}^{n-1}(n-i) = \sum_{i=1}^{n-1} n - \sum_{i=1}^{n-1} i$$

$$= (n-1)\cdot n - \frac{(n-1)\cdot n}{2}$$

$$= \frac{(n-1)\cdot n}{2}$$

$$\approx \frac{n^2}{2}$$

- Aufwand in O-Notation: $O(\text{Improved\_Simple\_Sort}) = O(n^2)$

Aufgabe 6.12 *Kann der in Aufgabe 6.10 vorgeschlagene Algorithmus effizienter gestaltet werden?*

Lösung.

Nehmen wir an, dass bei einem Durchgang der zweiten `for`-Schleife die letzte Vertauschung an der Stelle a_k stattgefunden hat, d.h., die Elemente a_k und a_{k+1} wurden vertauscht. Das bedeutet aber, dass bei den restlichen Elementen der Zahlenreihe $(a_{k+2} \cdots a_{n-1})$ dieser Durchgang nichts mehr geändert hat. Diese Elemente stehen daher schon an ihrem endgültigen Platz und müssen bei späteren Durchgängen nicht mehr beachtet werden.

Ein effizienterer Algorithmus könnte daher folgendes Aussehen haben:

```
public class Even_Better_Simple_Sort
{
        public static void Sort(int board[])
        {
                int last_change=board.length-1;
                while (last_change > 0) {
                        int i=1;
                        for (int j=0; j < last_change; j++)
                                if (board[j] > board[j+1]) {
                                        int tmp=board[j+1];
                                        board[j+1]=board[j];
                                        board[j]=tmp;
                                        i=j+1;

                                }
                        last_change=i-1;
                }
        }
        ...
}
```

Man beachte: Falls die Elemente der gegebenen Zahlenreihe in fallender Reihenfolge gegeben sind $(a_0 > \cdots > a_{n-1})$, bleibt der maximale Aufwand in O-Notation dennoch

$$O(\text{Even\_Better\_Simple\_Sort}) = O(n^2).$$

Aufgabe 6.13 *Was versteht man unter einem* Algorithmus*? Wie hängt dieser Begriff mit dem Begriff des* Programms *zusammen?*

Lösung. Ein *Algorithmus* bezeichnet ideelle Vorschriften zur Lösung einer Aufgabe. Ein *Programm* ist *eine* konkrete Formulierung eines Algorithmus. Es wird zur Ausführung des Algorithmus auf einem Computer verwendet.

Aufgabe 6.14 *Was ist der Unterschied zwischen der* Programmierung *und der* Implementierung*?*

Lösung. Die *Implementierung* ist lediglich eine Formulierung eines vorgegebenen Algorithmus zum Zweck der Ausführung auf einem Computer. *Programmierung* hingegen besteht aus dem Finden eines Algorithmus und anschließender Implementierung desselben.

Aufgabe 6.15 *Was wird unter der Bezeichnung* „Analyse von Algorithmen" *verstanden? Nennen Sie zwei wichtige Klassen von Aussagen, die man durch die Analyse von Algorithmen erhalten kann!*

Lösung. Unter dem Begriff der *„Analyse von Algorithmen"* versteht man allgemein die nicht-experimentelle Untersuchung von gewissen Eigenschaften von Algorithmen. Insbesondere kann man vorgegebene Algorithmen auf ihr Zeitverhalten und auf ihren Speicherplatzbedarf hin analysieren. Der interessierte Leser sei dazu auf das umfassende Werk von Donald E. Knuth verwiesen [13].

Aufgabe 6.16 *Geben Sie zu den vorgestellten Komplexitätsklassen geläufige Algorithmen an!*

Lösung.

$O(1)$	Suche mit Hash Funktion
$O(\operatorname{ld} n)$	binäre Suche
$O(n)$	lineare Suche
$O(n \cdot \operatorname{ld} n)$	Quicksort (average case)
$O(n^2)$	Bubble Sort
$O(2^n)$	Travelling Salesman

7 Boolesche Algebra

Eine *Algebra* wird durch eine Wertemenge, durch ihre Operationen auf diese Wertemenge und durch die zugehörigen Rechengesetze bestimmt. Die Algebra der Logik oder *Boolesche Algebra* ist nach George Boole (1815-1864) benannt, die er im Jahr 1854 vorstellte [3]. Sie basiert auf der Menge $\{0,1\}$ und den Operationen $\neg$, $\wedge$ und $\vee$, wobei diese Operationen folgendermaßen definiert sind:

x	$\neg x$
0	1
1	0

x	y	$(x \wedge y)$	$(x \vee y)$
0	0	0	0
0	1	0	1
1	0	0	1
1	1	1	1

Tabelle 7.1: Operationen der Booleschen Algebra

Anhand obiger Verknüpfungstafeln lässt sich erkennen, dass es sich beim Operator $\neg$ um eine sogenannte *Negation* handelt. Das Ergebnis dieser Operation nennt man auch das *Komplement* des Operanden. Auch die Operation $\wedge$ kann verbal formuliert werden, denn das Ergebnis ist nur dann 1, wenn der erste *und* der zweite Operand 1 sind. Man spricht daher vom logischen *Und-Operator* oder der *Konjunktion*. Beim Operator $\vee$ können wir gleichermaßen vorgehen und stellen fest, dass das Ergebnis der Operation immer dann 1 ist, wenn der erste *oder* der zweite Operand gleich 1 ist, aber auch, wenn beide Operanden 1 sind. Sie wird darum logische *Oder-Verknüpfung* bzw. *Disjunktion* genannt.

Die Boolesche Algebra kennt nur diese drei Operationen, wobei folgende Ordnungsrelation zu beachten ist:

$$\neg \text{ vor } \wedge \text{ vor } \vee \tag{7.1}$$

7.1 Gesetze der Booleschen Algebra

In der Booleschen Algebra gelten die folgenden Gesetze:

Kommutativgesetz:

$$\begin{aligned} x \vee y &= y \vee x \\ x \wedge y &= y \wedge x \end{aligned} \tag{7.2}$$

Assoziativgesetz:

$$\begin{aligned} (x \vee y) \vee z &= x \vee (y \vee z) \\ (x \wedge y) \wedge z &= x \wedge (y \wedge z) \end{aligned} \tag{7.3}$$

Distributivgesetz:

$$\begin{aligned} x \wedge (y \vee z) &= (x \wedge y) \vee (x \wedge z) \\ x \vee (y \wedge z) &= (x \vee y) \wedge (x \vee z) \end{aligned} \tag{7.4}$$

Absorptionsgesetz:

$$\begin{aligned} x \vee (x \wedge y) &= x \\ x \wedge (x \vee y) &= x \end{aligned} \tag{7.5}$$

Weiter gelten die folgenden Gesètze.

$$
\begin{aligned}
0 \vee x &= x \\
1 \wedge x &= x \\
x \vee \neg x &= 1 \\
x \wedge \neg x &= 0
\end{aligned}
$$

Aufgabe 7.1 *Werten Sie den folgenden* booleschen Ausdruck *für die angegebene Variablenbelegung aus! Geben Sie auch die Zwischenschritte nach der Auswertung jedes Teilausdrucks an!*

$$a = (e_1 \vee e_2 \vee (e_1 \wedge e_3)) \wedge (e_1 \wedge e_2 \wedge e_3) \wedge e_3$$

$$\textit{mit } e_1 = 0, e_2 = 1, e_3 = 1$$

Lösung.

$$
\begin{aligned}
a &= (e_1 \vee e_2 \vee (e_1 \wedge e_3)) \wedge (e_1 \wedge e_2 \wedge e_3) \wedge e_3 \\
&= (e_1 \vee e_2 \vee 0) \wedge (e_1 \wedge e_2 \wedge e_3) \wedge e_3 \\
&= (1) \wedge (e_1 \wedge e_2 \wedge e_3) \wedge e_3 \\
&= (1) \wedge (0) \wedge e_3 \\
&= 0
\end{aligned}
$$

oder kürzer

$$
\begin{aligned}
a &= (e_1 \vee e_2 \vee (e_1 \wedge e_3)) \wedge (e_1 \wedge e_2 \wedge e_3) \wedge e_3 \\
&= (e_1 \vee e_2 \vee (e_1 \wedge e_3)) \wedge (0) \wedge e_3 \\
&= 0
\end{aligned}
$$

Aufgabe 7.2 *Dualisieren Sie den folgenden* Satz*!*

$$
\begin{aligned}
(x \vee (x \wedge y)) \quad &\wedge \quad (y \vee 0) = \\
(x \vee (x \wedge y) \wedge y) \quad &\vee \quad (x \vee (x \wedge y) \wedge 0)
\end{aligned}
$$

Lösung.

$$
\begin{aligned}
(x \wedge (x \vee y)) \quad &\vee \quad (y \wedge 1) = \\
(x \wedge (x \vee y)) \vee y) \quad &\wedge \quad (x \wedge (x \vee y)) \vee 1)
\end{aligned}
$$

Aufgabe 7.3 *Wie lautet das* de Morgansche Gesetz*?*

Lösung.

$$\neg (x \vee y) = \neg x \wedge \neg y$$

und dual dazu

$$\neg (x \wedge y) = \neg x \vee \neg y$$

Aufgabe 7.4 *Was ist eine* Tautologie? *Was versteht man unter einer* Kontradiktion?

Lösung. Verknüpfungen von Wahrheitswerten, die immer den Wert 1 (wahre Aussage) liefern, werden *Tautologien* genannt. Solche, die immer den Wert 0 (falsche Aussage) liefern, heißen *Kontradiktionen.*

Aufgabe 7.5 *Geben Sie bei den folgenden Sätzen an, ob es sich um eine Tautologie, eine Kontradiktion, um beides oder um keines von beiden handelt! Verwenden Sie zur Überprüfung eine Wahrheitstabelle!*

(a) $x \Rightarrow (x \vee y)$

(b) $x \vee (\neg\, x \wedge y)$

(c) $(x \vee (x \wedge y)) \wedge \neg x$

Dabei steht $x \Rightarrow y$ *für die* Implikationsfunktion. *Aus* x *wird* y *impliziert.*

Lösung.

(a) $x \Rightarrow (x \vee y)$ ist eine Tautologie.

x	y	$x \vee y$	$x \Rightarrow (x \vee y)$
0	0	0	1
0	1	1	1
1	0	1	1
1	1	1	1

(b) $x \vee (\neg\, x \wedge y)$ ist weder eine Tautologie noch eine Kontradiktion.

x	y	$\neg x \wedge y$	$x \vee (\neg\, x \wedge y)$
0	0	0	0
0	1	1	1
1	0	0	1
1	1	0	1

(c) $f(x, y) = (x \vee (x \wedge y)) \wedge \neg x$ ist eine Kontradiktion.

x	y	$x \wedge y$	$x \vee (x \wedge y)$	$\neg x$	$f(x, y)$
0	0	0	0	1	0
0	1	0	0	1	0
1	0	0	1	0	0
1	1	1	1	0	0

Aufgabe 7.6 *Überprüfen Sie die Äquivalenz der folgenden beiden Sätze*

(a) durch algebraische Umformungen und

(b) mit Hilfe von Wahrheitstabellen.

$$(x \vee (x \wedge y)) \wedge (y \vee 0)$$
$$((x \vee (x \wedge y) \wedge y)) \vee (x \vee (x \wedge y) \wedge 0)$$

Lösung. Die Äquivalenz der beiden Sätze kann man folgendermaßen nachweisen:

(a) Der zweite Satz entsteht aus dem ersten durch Anwendung des Distributivgesetzes.

(b) Wir berechnen zuerst den dreimal auftretenden Teilausdruck $g(x, y) = (x \vee (x \wedge y))$

x	y	$x \wedge y$	$x \vee (x \wedge y)$
0	0	0	0
0	1	0	0
1	0	0	1
1	1	1	1

Für den ersten Satz erhalten wir die Wahrheitstabelle:

x	y	$y \vee 0$	$g(x, y)$	$g(x, y) \wedge (y \vee 0)$
0	0	0	0	0
0	1	1	0	0
1	0	0	1	0
1	1	1	1	1

Für den zweiten Satz berechnen wir zunächst die beiden Teilausdrücke der obersten Disjunktion.

x	y	$g(x, y)$	$h(x, y) = g(x, y) \wedge y$
0	0	0	0
0	1	0	0
1	0	1	0
1	1	1	1

x	y	$g(x, y)$	$i(x, y) = g(x, y) \wedge 0$
0	0	0	0
0	1	0	0
1	0	1	0
1	1	1	0

x	y	$h(x, y)$	$i(x, y)$	$h(x, y) \vee i(x, y)$
0	0	0	0	0
0	1	0	0	0
1	0	0	0	0
1	1	1	0	1

Die Ergebnisspalten der Wahrheitstabellen für die beiden Sätze stimmen überein, q.e.d.

Aufgabe 7.7 *Vereinfachen Sie mit Hilfe der Gesetze der Booleschen Algebra die folgende Funktion:*

$$\begin{aligned} f(a, b, c, d) = {} & (\neg a \wedge b \wedge c \wedge d) \vee \\ & (a \wedge \neg b \wedge \neg c \wedge \neg d) \vee \\ & (a \wedge \neg b \wedge c \wedge d) \vee \\ & (\neg a \wedge b \wedge \neg c \wedge \neg d) \end{aligned}$$

Lösung. Durch zweimalige Anwendung des Distributivgesetzes erhält man (Ausklammern von $(c \wedge d)$ und $(\neg c \wedge \neg d)$):

$$\begin{aligned} f(a, b, c, d) = {} & ((c \wedge d) \wedge ((\neg a \wedge b) \vee (a \wedge \neg b))) \vee \\ & ((\neg c \wedge \neg d) \wedge ((\neg a \wedge b) \vee (a \wedge \neg b))) \end{aligned}$$

Durch Anwendung des Distributivgesetzes erhält man (Ausklammern von $(\neg a \wedge b) \vee (a \wedge \neg b)$):

$$\begin{aligned} f(a, b, c, d) &= ((\neg a \wedge b) \vee (a \wedge \neg b)) \wedge \\ &\quad ((c \wedge d) \vee (\neg c \wedge \neg d)) \end{aligned}$$

$$\begin{aligned} a \oplus b &= (\neg a \wedge b) \vee (a \wedge \neg b) \quad (\oplus \ldots \text{Antivalenz}) \\ c \equiv d &= (c \wedge d) \vee (\neg c \wedge \neg d) \quad (\equiv \ldots \text{Äquivalenz}) \end{aligned}$$

$$f(a, b, c, d) = (a \oplus b) \wedge (c \equiv d)$$

7.2 Normalformen

Unter einer *Vollform* wird ein Ausdruck verstanden, in dem jede Variable des Betrachtungsraums genau einmal vorkommt. Dabei kann jede Variable negiert oder nicht negiert vorkommen.

Ein *Minterm* (Vollkonjunktion) ist ein Ausdruck, in dem sämtliche vereinbarten Variablen konjunktiv verbunden sind.

Ein *Maxterm* (Volldisjunktion) ist ein Ausdruck, in dem sämtliche vereinbarten Variablen disjunktiv verbunden sind.

Die *disjunktive Normalform* ist jene Darstellungsart einer booleschen Funktion, bei der eine Reihe von Vollkonjunktionen disjunktiv verknüpft wird. Die *konjunktive Normalform* ist jene Darstellungsart einer booleschen Funktion, bei der eine Reihe von Volldisjunktionen konjunktiv verknüpft wird.

Folgende Schritte sind bei der Konstruktion von disjunktiven bzw. konjunktiven Normalformen durchzuführen:

1. Aufstellen der Wahrheitstabelle der Funktion.
2. (a) Bei der disjunktiven Normalform: Bilden von Vollkonjunktionen. Dabei betrachtet man nur jene Zeilen der Wahrheitstabelle, die in der Ergebnisspalte eine Eins haben.
2. (b) Bei der konjunktiven Normalform: Bilden von Volldisjunktionen. Dabei betrachtet man nur jene Zeilen der Wahrheitstabelle, die in der Ergebnisspalte eine Null haben.
3. Bilden der jeweiligen Normalform aus den Teilausdrücken, die sich in Schritt 2 ergeben haben. Dies geschieht für 2 (a) durch Oder-Verknüpfung aller Vollkonjunktionen und für 2 (b) durch Und-Verknüpfung aller Volldisjunktionen.

Aufgabe 7.8 *Im Betrachtungsraum seien die Variablen* x, y *und* z *definiert. Geben Sie für die folgenden Ausdrücke jeweils an, ob es sich um einen* Minterm, *einen* Maxterm, *um beides oder um keines von beiden handelt: (a)* $\neg x \wedge z \wedge \neg y$, *(b)* $y \vee \neg x \vee z$ *und (c)* $\neg x \vee \neg y$.

Lösung.

(a) *Minterm*

(b) *Maxterm*

(c) Weder *Minterm* noch *Maxterm*, da z im Ausdruck nicht enthalten ist.

Aufgabe 7.9 *Bilden Sie für die Funktion* $(\neg x \wedge (y \Rightarrow z))$

(a) die disjunktive Normalform

(b) die konjunktive Normalform

Lösung. Aufstellen der Wahrheitstabelle der Funktion.

x	y	z	$y \Rightarrow z$	$\neg x \wedge (y \Rightarrow z)$
0	0	0	1	1
0	0	1	1	1
0	1	0	0	0
0	1	1	1	1
1	0	0	1	0
1	0	1	1	0
1	1	0	0	0
1	1	1	1	0

(a) Bilden der *Vollkonjunktionen*:

$$\begin{aligned} VK_1 &= \neg x \wedge \neg y \wedge \neg z \\ VK_2 &= \neg x \wedge \neg y \wedge z \\ VK_3 &= \neg x \wedge y \wedge z \end{aligned}$$

Normalform: $VK_1 \vee VK_2 \vee VK_3$

(b) Bilden der *Volldisjunktionen*:

$$\begin{aligned} VD_1 &= \neg(\neg x \wedge y \wedge \neg z) &&= x \vee \neg y \vee z \\ VD_2 &= \neg(x \wedge \neg y \wedge \neg z) &&= \neg x \vee y \vee z \\ VD_3 &= \neg(x \wedge \neg y \wedge z) &&= \neg x \vee y \vee \neg z \\ VD_4 &= \neg(x \wedge y \wedge \neg z) &&= \neg x \vee \neg y \vee z \\ VD_5 &= \neg(x \wedge y \wedge z) &&= \neg x \vee \neg y \vee \neg z \end{aligned}$$

Normalform: $VD_1 \wedge VD_2 \wedge VD_3 \wedge VD_4 \wedge VD_5$

Aufgabe 7.10 *Eine Beleuchtungsanlage soll von drei verschiedenen Stellen aus mit einem einpoligen Schalter, der auf eine Steuerung einwirkt, betätigt werden können. Wenn alle Schalter ausgeschaltet sind, soll das Licht nicht eingeschaltet sein. Bei ungeradzahliger Anzahl von eingeschalteten Schaltern soll die Beleuchtung eingeschaltet sein. Wie lautet die* Funktionsgleichung *für eingeschaltetes Licht?*

Lösung. Die unabhängigen Eingangsvariablen sind die drei Schalter. Die von ihnen abhängige Größe ist das eingeschaltete Licht (Ausgangsgröße a). Mit drei Variablen lassen sich $2^3 = 8$ Kombinationen bilden. Die Kombination 000 soll voraussetzungsgemäß keinen Schaltvorgang auslösen; daher erhält die Ausgangsvariable a den Wert null. Ist nur ein Schalter betätigt, so muss Licht eingeschaltet werden. Also erhalten alle Kombinationen mit einer 1 und 2 Nullen in der a-Spalte eine 1. Sind zwei Schalter betätigt, darf kein Licht angehen; denn mit dem einen Schalter wird das Licht eingeschaltet und mit dem anderen Schalter wieder ausgeschaltet. Daher bekommen alle Kombinationen mit zwei Einsen in der a-Spalte eine Null. Sind 3 Schalter eingeschaltet, soll das Licht ebenso eingeschaltet sein.

Wahrheitstabelle:

s_1	s_2	s_3	a
0	0	0	0
0	0	1	1
0	1	0	1
0	1	1	0
1	0	0	1
1	0	1	0
1	1	0	0
1	1	1	1

Aus der Wahrheitstabelle erhält man mit Hilfe der disjunktiven Normalform die Funktionsgleichung für eingeschaltetes Licht:

$$\begin{aligned} a = \; & (\neg s_1 \wedge \neg s_2 \wedge s_3) \vee \\ & (\neg s_1 \wedge s_2 \wedge \neg s_3) \vee \\ & (s_1 \wedge \neg s_2 \wedge \neg s_3) \vee \\ & (s_1 \wedge s_2 \wedge s_3) \end{aligned}$$

7.3 Verfahren nach Quine-McCluskey

Beim Verfahren nach Quine-McCluskey wird von einer disjunktiven Normalform ausgegangen und versucht, durch geschicktes Kombinieren Terme zu erzeugen, die dem logischen Wert 1 entsprechen und in einer Konjunktion vorkommen [17, 15]. Diese können sodann außer Betracht gelassen werden.

Das Verfahren kann schrittweise folgendermaßen beschrieben werden:

1. Stellen Sie die Funktion in disjunktiver Normalform dar.
2. Fassen Sie Terme der Form $(A \wedge \neg y)$ und $(A \wedge y)$ in der disjunktiven Normalform zusammen zu A. Reduzieren Sie durch wiederholte Anwendung dieses Verfahrens sukzessive die Anzahl der Variablen in den einzelnen Teilausdrücken.
3. Streichen Sie unnötige reduzierte Terme.

Aufgabe 7.11 *Vereinfachen Sie die folgenden Ausdrücke mit dem Verfahren nach* Quine-McCluskey*!*

(a)
$$\begin{aligned} f(e_1, e_2, e_3, e_4) = \; & (e_1 \wedge e_2 \wedge e_3 \wedge \neg e_4) \vee \\ & (e_1 \wedge e_2 \wedge \neg e_3 \wedge e_4) \vee \\ & (e_1 \wedge e_2 \wedge \neg e_3 \wedge \neg e_4) \vee \\ & (e_1 \wedge \neg e_2 \wedge e_3 \wedge \neg e_4) \vee \\ & (e_1 \wedge \neg e_2 \wedge \neg e_3 \wedge \neg e_4) \vee \\ & (\neg e_1 \wedge \neg e_2 \wedge e_3 \wedge e_4) \vee \\ & (\neg e_1 \wedge \neg e_2 \wedge e_3 \wedge \neg e_4) \end{aligned}$$

(b)
$$\begin{aligned} f(e_1, e_2, e_3, e_4) = \; & (\neg e_1 \wedge e_3) \vee \\ & (\neg e_1 \wedge \neg e_3 \wedge \neg e_4) \vee \\ & (e_1 \wedge \neg e_2 \wedge e_3 \wedge \neg e_4) \vee \\ & (e_1 \wedge e_2 \wedge \neg e_4) \end{aligned}$$

Lösung.

(a) Die Funktion ist bereits in disjunktiver Normalform.

Zeile	Gruppe				
1	1	e_1	e_2	e_3	$\neg e_4$
2		e_1	e_2	$\neg e_3$	e_4
3	2	e_1	e_2	$\neg e_3$	$\neg e_4$
4		e_1	$\neg e_2$	e_3	$\neg e_4$
5		$\neg e_1$	$\neg e_2$	e_3	e_4
6	3	e_1	$\neg e_2$	$\neg e_3$	$\neg e_4$
7		$\neg e_1$	$\neg e_2$	e_3	$\neg e_4$

Wir bezeichnen die Vollkonjunktion in der Zeile i der obigen Tabelle im folgenden als K_i und gehen systematisch vor. In der folgenden linken Tabelle geben die Ziffern die Zeilennummern der Zeilen aus der obigen Tabelle an, die zusammengefasst wurden, um die jeweiligen Zeile der Tabelle zu erhalten. In der rechten Tabelle trennen dicke Linien Mengen von Ausdrücken verschiedenen Typs, wobei Typen durch die im Ausdruck beteiligten Variablen charakterisiert sind. Dünne Linien trennen Gruppen, die nach der Anzahl der Negationen innerhalb der Menge der Ausdrücke eines bestimmten Typs gebildet werden. Nur Ausdrücke vom gleichen Typ und aus benachbarten Gruppen kommen für weitere Zusammenfassungen in Frage. Beachten Sie, dass Gruppen nur dann als benachbart gelten, wenn die Anzahl der Negationen in den Ausdrücken, die sie enthalten, sich um genau Eins unterscheiden.

Zeilen				
1,3	e_1	e_2		$\neg e_4$
1,4	e_1		e_3	$\neg e_4$
2,3	e_1	e_2	$\neg e_3$	
3,6	e_1		$\neg e_3$	$\neg e_4$
4,6	e_1	$\neg e_2$		$\neg e_4$
4,7		$\neg e_2$	e_3	$\neg e_4$
5,7	$\neg e_1$	$\neg e_2$	e_3	

$\Rightarrow$

Zeile				
1	e_1	e_2	$\neg e_3$	
2	$\neg e_1$	$\neg e_2$	e_3	
3	e_1	e_2		$\neg e_4$
4	e_1	$\neg e_2$		$\neg e_4$
5	e_1		e_3	$\neg e_4$
6	e_1		$\neg e_3$	$\neg e_4$
7		$\neg e_2$	e_3	$\neg e_4$

In der folgenden linken Tabelle geben die Ziffern die Zeilennummern der Zeilen aus der obigen Tabelle an, die zusammengefasst wurden, um die jeweilige Zeile zu erhalten. Wenn Zeilen doppelt auftreten, kann eine Zeile gestrichen werden (rechte Tabelle).

Zeile				
1	e_1	e_2	$\neg e_3$	
2	$\neg e_1$	$\neg e_2$	e_3	
3,4	e_1			$\neg e_4$
5,6	e_1			$\neg e_4$
7		$\neg e_2$	e_3	$\neg e_4$

$\Rightarrow$

Zeile				
1	e_1			$\neg e_4$
2	e_1	e_2	$\neg e_3$	
3	$\neg e_1$	$\neg e_2$	e_3	
4		$\neg e_2$	e_3	$\neg e_4$

Da sich keine weiteren Vereinfachungen mehr ergeben, erhalten wir folgende reduzierten Terme:

$$R_1 = e_1 \wedge \neg e_4 \qquad R_2 = e_1 \wedge e_2 \wedge \neg e_3$$
$$R_3 = \neg e_1 \wedge \neg e_2 \wedge e_3 \qquad R_4 = \neg e_2 \wedge e_3 \wedge \neg e_4$$

Es folgt das Streichen unnötig reduzierter Terme:

	K_1	K_2	K_3	K_4	K_5	K_6	K_7
R_1	X		X	X		X	
R_2		X	X				
R_3					X		X
R_4				X			X

Die reduzierten Terme R_1, R_2 und R_3 müssen in die endgültige Darstellung aufgenommen werden, da nur sie K_1 bzw. K_2 bzw. K_5 abdecken, $(R_1 \vee R_2 \vee R_3)$ deckt aber alle K_i ab, so dass R_4 gestrichen werden kann.

$$f(e_1, e_2, e_3, e_4) = R_1 \vee R_2 \vee R_3$$

Dies entspricht folgendem Ergebnis:

$$f(e_1, e_2, e_3, e_4) = (e_1 \wedge \neg e_4) \vee (e_1 \wedge e_2 \wedge \neg e_3) \vee (\neg e_1 \wedge \neg e_2 \wedge e_3)$$

(b) Der Ausdruck muss zunächst in die disjunktive Normalform gebracht werden.

$$\begin{aligned} f(e_1, e_2, e_3, e_4) = \; & (\neg e_1 \wedge \neg e_2 \wedge e_3 \wedge \neg e_4) \vee \\ & (\neg e_1 \wedge \neg e_2 \wedge e_3 \wedge e_4) \vee \\ & (\neg e_1 \wedge e_2 \wedge e_3 \wedge \neg e_4) \vee \\ & (\neg e_1 \wedge e_2 \wedge e_3 \wedge e_4) \vee \\ & (\neg e_1 \wedge \neg e_2 \wedge \neg e_3 \wedge \neg e_4) \vee \\ & (\neg e_1 \wedge e_2 \wedge \neg e_3 \wedge \neg e_4) \vee \\ & (e_1 \wedge \neg e_2 \wedge e_3 \wedge \neg e_4) \vee \\ & (e_1 \wedge e_2 \wedge \neg e_3 \wedge \neg e_4) \vee \\ & (e_1 \wedge e_2 \wedge e_3 \wedge \neg e_4) \end{aligned}$$

Zeile	Gruppe				
1	1	e_1	e_2	e_3	$\neg e_4$
2		$\neg e_1$	e_2	e_3	e_4
3	2	e_1	e_2	$\neg e_3$	$\neg e_4$
4		e_1	$\neg e_2$	e_3	$\neg e_4$
5		$\neg e_1$	e_2	e_3	$\neg e_4$
6		$\neg e_1$	$\neg e_2$	e_3	e_4
7	3	$\neg e_1$	e_2	$\neg e_3$	$\neg e_4$
8		$\neg e_1$	$\neg e_2$	e_3	$\neg e_4$
9	4	$\neg e_1$	$\neg e_2$	$\neg e_3$	$\neg e_4$

Wir bezeichnen die Vollkonjunktion in der Zeile i der obigen Tabelle im folgenden als K_i.

Zeilen				
1,3	e_1	e_2		$\neg e_4$
1,4	e_1		e_3	$\neg e_4$
1,5		e_2	e_3	$\neg e_4$
2,5	$\neg e_1$	e_2	e_3	
2,6	$\neg e_1$		e_3	e_4
3,7		e_2	$\neg e_3$	$\neg e_4$
4,8		$\neg e_2$	e_3	$\neg e_4$
5,7	$\neg e_1$	e_2		$\neg e_4$
5,8	$\neg e_1$		e_3	$\neg e_4$
6,8	$\neg e_1$	$\neg e_2$	e_3	
7,9	$\neg e_1$		$\neg e_3$	$\neg e_4$
8,9	$\neg e_1$	$\neg e_2$		$\neg e_4$

$\Rightarrow$

Zeilen				
1	$\neg e_1$	e_2	e_3	
2	$\neg e_1$	$\neg e_2$	e_3	
3	e_1	e_2		$\neg e_4$
4	$\neg e_1$	e_2		$\neg e_4$
5	$\neg e_1$	$\neg e_2$		$\neg e_4$
6	e_1		e_3	$\neg e_4$
7	$\neg e_1$		e_3	e_4
8	$\neg e_1$		e_3	$\neg e_4$
9	$\neg e_1$		$\neg e_3$	$\neg e_4$
10		e_2	e_3	$\neg e_4$
11		e_2	$\neg e_3$	$\neg e_4$
12		$\neg e_2$	e_3	$\neg e_4$

Wir vereinfachen weiter (linke Tabelle) und streichen jene Terme, die doppelt vorkommen (rechte Tabelle):

Zeilen				
1,2	$\neg e_1$		e_3	
3,4		e_2		$\neg e_4$
4,5	$\neg e_1$			$\neg e_4$
6,8			e_3	$\neg e_4$
7,8	$\neg e_1$		e_3	
8,9	$\neg e_1$			$\neg e_4$
10,11		e_2		$\neg e_4$
10,12			e_3	$\neg e_4$

$\Rightarrow$

Zeilen				
1	$\neg e_1$		e_3	
2	$\neg e_1$			$\neg e_4$
3		e_2		$\neg e_4$
4			e_3	$\neg e_4$

Da sich keine weiteren Vereinfachungen mehr ergeben, erhalten wir folgende reduzierten Terme:

$$\begin{aligned} R_1 &= \neg e_1 \wedge e_3 \\ R_2 &= \neg e_1 \wedge \neg e_4 \\ R_3 &= e_2 \wedge \neg e_4 \\ R_4 &= e_3 \wedge \neg e_4 \end{aligned}$$

Es folgt das Streichen unnötig reduzierter Terme:

	K_1	K_2	K_3	K_4	K_5	K_6	K_7	K_8	K_9
R_1		X			X	X		X	
R_2					X		X	X	X
R_1	X		X		X		X		
R_1	X			X	X			X	

Die reduzierten Terme R_1, R_2, R_3 und R_4 müssen in die endgültige Darstellung aufgenommen werden, da alle Terme abgedeckt werden müssen.

$$f(e_1, e_2, e_3, e_4) = R_1 \vee R_2 \vee R_3 \vee R_4$$

Dies entspricht folgendem Ergebnis:

$$f(e_1, e_2, e_3, e_4) = (\neg e_1 \wedge e_3) \vee (\neg e_1 \wedge \neg e_4) \vee (e_2 \wedge \neg e_4) \vee (e_3 \wedge \neg e_4)$$

Aufgabe 7.12 *Vereinfachen Sie den folgenden Ausdruck mit dem Verfahren nach* Quine-McCluskey*!*

$$\begin{aligned} f(e_1, e_2, e_3, e_4, e_5) = {} & (\neg e_1 \wedge e_2 \wedge e_3 \wedge \neg e_4 \wedge e_5) \vee \\ & (\neg e_1 \wedge e_2 \wedge e_3 \wedge \neg e_4 \wedge \neg e_5) \vee \\ & (e_1 \wedge \neg e_2 \wedge \neg e_3 \wedge e_4 \wedge e_5) \vee \\ & (\neg e_1 \wedge \neg e_2 \wedge e_3 \wedge \neg e_4 \wedge e_5) \vee \\ & (e_1 \wedge e_2 \wedge e_3 \wedge \neg e_4 \wedge \neg e_5) \vee \\ & (e_1 \wedge \neg e_2 \wedge e_3 \wedge \neg e_4 \wedge e_5) \vee \\ & (\neg e_1 \wedge \neg e_2 \wedge e_3 \wedge \neg e_4 \wedge \neg e_5) \vee \\ & (e_1 \wedge e_2 \wedge e_3 \wedge \neg e_4 \wedge e_5) \vee \\ & (e_1 \wedge e_2 \wedge \neg e_3 \wedge e_4 \wedge e_5) \vee \\ & (e_1 \wedge e_2 \wedge e_3 \wedge e_4 \wedge \neg e_5) \vee \\ & (e_1 \wedge \neg e_2 \wedge \neg e_3 \wedge \neg e_4 \wedge \neg e_5) \end{aligned}$$

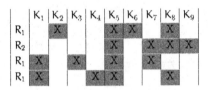

Lösung. Die Funktion ist bereits in disjunktiver Normalform. Wir ordnen sie nach der Anzahl der vorkommenden Negationen.

Zeile	Gruppe					
1	1	e_1	e_2	e_3	e_4	$\neg e_5$
2		e_1	e_2	e_3	$\neg e_4$	e_5
3		e_1	e_2	$\neg e_3$	e_4	e_5
4	2	e_1	e_2	e_3	$\neg e_4$	$\neg e_5$
5		e_1	$\neg e_2$	e_3	$\neg e_4$	e_5
6		e_1	$\neg e_2$	$\neg e_3$	e_4	e_5
7		$\neg e_1$	e_2	e_3	$\neg e_4$	e_5
8	3	$\neg e_1$	e_2	e_3	$\neg e_4$	$\neg e_5$
9		$\neg e_1$	$\neg e_2$	e_3	$\neg e_4$	e_5
10	4	e_1	$\neg e_2$	$\neg e_3$	$\neg e_4$	$\neg e_5$
11		$\neg e_1$	$\neg e_2$	e_3	$\neg e_4$	$\neg e_5$

Wir bezeichnen die Vollkonjunktion in der Zeile i der obigen Tabelle im folgenden als K_i. In weiterer Folge fassen wir Terme der Form $(A \wedge \neg y)$ und $(A \wedge y)$ in der disjunktiven Normalform zusammen zu A.

Zeilen					
1,4	e_1	e_2	e_3		$\neg e_5$
2,4	e_1	e_2	e_3	$\neg e_4$	
2,5	e_1		e_3	$\neg e_4$	e_5
2,7		e_2	e_3	$\neg e_4$	e_5
3,6	e_1		$\neg e_3$	e_4	e_5
4,8		e_2	e_3	$\neg e_4$	$\neg e_5$
5,9		$\neg e_2$	e_3	$\neg e_4$	e_5
7,8	$\neg e_1$	e_2	e_3	$\neg e_4$	
7,9	$\neg e_1$		e_3	$\neg e_4$	e_5
8,11	$\neg e_1$		e_3	$\neg e_4$	$\neg e_5$
9,11	$\neg e_1$	$\neg e_2$	e_3	$\neg e_4$	
10,-	e_1	$\neg e_2$	$\neg e_3$	$\neg e_4$	$\neg e_5$

$\Rightarrow$

Zeilen					
1	e_1	e_2	e_3	$\neg e_4$	
2	$\neg e_1$	e_2	e_3	$\neg e_4$	
3	$\neg e_1$	$\neg e_2$	e_3	$\neg e_4$	
4	e_1	e_2	e_3		$\neg e_5$
5	e_1		e_3	$\neg e_4$	e_5
6	e_1		$\neg e_3$	e_4	e_5
7	$\neg e_1$		e_3	$\neg e_4$	e_5
8	$\neg e_1$		e_3	$\neg e_4$	$\neg e_5$
9		e_2	e_3	$\neg e_4$	e_5
10		e_2	e_3	$\neg e_4$	$\neg e_5$
11		$\neg e_2$	e_3	$\neg e_4$	e_5
12	e_1	$\neg e_2$	$\neg e_3$	$\neg e_4$	$\neg e_5$

Wir vereinfachen weiter (linke Tabelle) und streichen jene Terme, die doppelt vorkommen (rechte Tabelle):

Zeilen					
1,2		e_2	e_3	$\neg e_4$	
2,3	$\neg e_1$		e_3	$\neg e_4$	
4,-	e_1	e_2	e_3		$\neg e_5$
5,7			e_3	$\neg e_4$	e_5
6,-	e_1		$\neg e_3$	e_4	e_5
7,8	$\neg e_1$		e_3	$\neg e_4$	
9,10		e_2	e_3	$\neg e_4$	
9,11			e_3	$\neg e_4$	e_5
12,-	e_1	$\neg e_2$	$\neg e_3$	$\neg e_4$	$\neg e_5$

$\Rightarrow$

Zeilen					
1	e_1	$\neg e_2$	$\neg e_3$	$\neg e_4$	$\neg e_5$
2	e_1	e_2	e_3		$\neg e_5$
3	e_1		$\neg e_3$	e_4	e_5
4	$\neg e_1$		e_3	$\neg e_4$	
5		e_2	e_3	$\neg e_4$	
6			e_3	$\neg e_4$	e_5

Da sich keine weiteren Vereinfachungen mehr ergeben, erhalten wir folgende reduzierten Terme:

$$R_1 = e_1 \wedge \neg e_2 \wedge \neg e_3 \wedge \neg e_4 \wedge \neg e_5 \qquad R_2 = e_1 \wedge e_2 \wedge e_3 \wedge \neg e_5$$
$$R_3 = e_1 \wedge \neg e_3 \wedge e_4 \wedge e_5 \qquad R_4 = \neg e_1 \wedge e_3 \wedge \neg e_4$$
$$R_5 = e_2 \wedge e_3 \wedge \neg e_4 \qquad R_6 = e_3 \wedge \neg e_4 \wedge e_5$$

Es folgt das Streichen unnötig reduzierter Terme:

	K_1	K_2	K_3	K_4	K_5	K_6	K_7	K_8	K_9	K_{10}	K_{11}
R_1										X	
R_2	X			X							
R_3			X			X					
R_4							X	X	X		X
R_5		X		X			X	X			
R_6		X			X		X		X		

Allerdings sind nicht alle reduzierten Terme erforderlich, um die ursprünglichen Terme abzudecken. Zunächst nimmt man all jene reduzierten Terme in die Lösung auf, die als einzige einen bestimmten ursprünglichen Term abdecken (und somit unbedingt in der Lösung enthalten sein müssen). Dies sind in obigem Fall R_1, R_2, R_3, R_4 und R_6. Damit sind alle ursprünglichen Terme abgedeckt, obwohl der reduzierte Terme R_5 nicht verwendet wurde.

$$f(e_1, e_2, e_3, e_4) = R_1 \vee R_2 \vee R_3 \vee R_4 \vee R_6$$

Aufgabe 7.13 *Vereinfachen Sie den folgenden Ausdruck mit dem Verfahren nach* Quine-McCluskey*!*

$$\begin{array}{rcl} f(e_1, e_2, e_3, e_4) & = & (\neg e_1 \wedge e_2 \wedge e_3 \wedge e_4 \wedge e_5) \vee \\ & & (e_1 \wedge \neg e_2 \wedge \neg e_3 \wedge \neg e_4 \wedge \neg e_5) \vee \\ & & (e_1 \wedge e_2 \wedge e_3 \wedge e_4 \wedge e_5) \vee \\ & & (\neg e_1 \wedge \neg e_2 \wedge e_3 \wedge e_4 \wedge \neg e_5) \vee \\ & & (\neg e_1 \wedge e_2 \wedge e_3 \wedge \neg e_4 \wedge \neg e_5) \vee \\ & & (\neg e_1 \wedge \neg e_2 \wedge \neg e_3 \wedge \neg e_4 \wedge e_5) \vee \\ & & (e_1 \wedge \neg e_2 \wedge e_3 \wedge e_4 \wedge e_5) \vee \\ & & (\neg e_1 \wedge \neg e_2 \wedge e_3 \wedge \neg e_4 \wedge \neg e_5) \vee \\ & & (\neg e_1 \wedge \neg e_2 \wedge e_3 \wedge \neg e_4 \wedge e_5) \vee \\ & & (\neg e_1 \wedge e_2 \wedge e_3 \wedge e_4 \wedge \neg e_5) \vee \\ & & (\neg e_1 \wedge \neg e_2 \wedge \neg e_3 \wedge \neg e_4 \wedge \neg e_5) \end{array}$$

Lösung. Die Funktion ist bereits in disjunktiver Normalform. Wir ordnen sie nach der Anzahl der vorkommenden Negationen.

Zeile	Gruppe					
1	0	e_1	e_2	e_3	e_4	e_5
2	1	e_1	$\neg e_2$	e_3	e_4	e_5
3		$\neg e_1$	e_2	e_3	e_4	e_5
4	2	$\neg e_1$	e_2	e_3	e_4	$\neg e_5$
5	3	$\neg e_1$	e_2	e_3	$\neg e_4$	$\neg e_5$
6		$\neg e_1$	$\neg e_2$	e_3	e_4	$\neg e_5$
7		$\neg e_1$	$\neg e_2$	e_3	$\neg e_4$	e_5
8	4	e_1	$\neg e_2$	$\neg e_3$	$\neg e_4$	$\neg e_5$
9		$\neg e_1$	$\neg e_2$	e_3	$\neg e_4$	$\neg e_5$
10		$\neg e_1$	$\neg e_2$	$\neg e_3$	$\neg e_4$	e_5
11	5	$\neg e_1$	$\neg e_2$	$\neg e_3$	$\neg e_4$	$\neg e_5$

Wir bezeichnen die Vollkonjunktion in der Zeile i der obigen Tabelle im folgenden als K_i. In weiterer Folge fassen wir Terme der Form $(A \wedge \neg y)$ und $(A \wedge y)$ in der disjunktiven Normalform zusammen zu A.

Zeilen					
1,2	e_1		e_3	e_4	e_5
1,3		e_2	e_3	e_4	e_5
3,4	$\neg e_1$	e_2	e_3	e_4	
4,5	$\neg e_1$	e_2	e_3		$\neg e_5$
4,6	$\neg e_1$		e_3	e_4	$\neg e_5$
5,9	$\neg e_1$		e_3	$\neg e_4$	$\neg e_5$
6,9	$\neg e_1$	$\neg e_2$	e_3		$\neg e_5$
7,9	$\neg e_1$	$\neg e_2$	e_3	$\neg e_4$	
7,10	$\neg e_1$	$\neg e_2$		$\neg e_4$	e_5
8,11		$\neg e_2$	$\neg e_3$	$\neg e_4$	$\neg e_5$
9,11	$\neg e_1$	$\neg e_2$		$\neg e_4$	$\neg e_5$
10,11	$\neg e_1$	$\neg e_2$	$\neg e_3$	$\neg e_4$	

$\Rightarrow$

Zeilen					
1	$\neg e_1$	e_2	e_3	e_4	
2	$\neg e_1$	$\neg e_2$	e_3	$\neg e_4$	
3	$\neg e_1$	$\neg e_2$	$\neg e_3$	$\neg e_4$	
4	$\neg e_1$	e_2	e_3		$\neg e_5$
5	$\neg e_1$	$\neg e_2$	e_3		$\neg e_5$
6	e_1		e_3	e_4	e_5
7	$\neg e_1$		e_3	e_4	$\neg e_5$
8	$\neg e_1$		e_3	$\neg e_4$	$\neg e_5$
9	$\neg e_1$	$\neg e_2$		$\neg e_4$	e_5
10	$\neg e_1$	$\neg e_2$		$\neg e_4$	$\neg e_5$
11		e_2	e_3	e_4	e_5
12		$\neg e_2$	$\neg e_3$	$\neg e_4$	$\neg e_5$

Wir vereinfachen weiter (linke Tabelle) und streichen jene Terme, die doppelt vorkommen (rechte Tabelle):

Zeilen					
1,-	$\neg e_1$	e_2	e_3	e_4	
2,3	$\neg e_1$	$\neg e_2$		$\neg e_4$	
4,5	$\neg e_1$		e_3		$\neg e_5$
6,-	e_1		e_3	e_4	e_5
7,8	$\neg e_1$		e_3		$\neg e_5$
9,10	$\neg e_1$	$\neg e_2$		$\neg e_4$	
11,-		e_2	e_3	e_4	e_5
12,-		$\neg e_2$	$\neg e_3$	$\neg e_4$	$\neg e_5$

$\Rightarrow$

Zeilen					
1	$\neg e_1$	e_2	e_3	e_4	
2	e_1		e_3	e_4	e_5
3		e_2	e_3	e_4	e_5
4		$\neg e_2$	$\neg e_3$	$\neg e_4$	$\neg e_5$
5	$\neg e_1$	$\neg e_2$		$\neg e_4$	
6	$\neg e_1$		e_3		$\neg e_5$

Da sich keine weiteren Vereinfachungen mehr ergeben, erhalten wir folgende reduzierten Terme:

$$R_1 = \neg e_1 \wedge e_2 \wedge e_3 \wedge e_4 \qquad R_2 = e_1 \wedge e_3 \wedge e_4 \wedge e_5$$
$$R_3 = e_2 \wedge e_3 \wedge e_4 \wedge e_5 \qquad R_4 = \neg e_2 \wedge \neg e_3 \wedge \neg e_4 \wedge \neg e_5$$
$$R_5 = \neg e_1 \wedge \neg e_2 \wedge \neg e_4 \qquad R_6 = \neg e_1 \wedge e_3 \wedge \neg e_5$$

Es folgt das Streichen unnötig reduzierter Terme:

	K_1	K_2	K_3	K_4	K_5	K_6	K_7	K_8	K_9	K_{10}	K_{11}
R_1			X	X							
R_2	X	X									
R_3	X		X								
R_4								X			X
R_5							X		X	X	X
R_6				X	X	X			X		

Allerdings sind nicht alle reduzierten Terme erforderlich, um die ursprünglichen Terme abzudecken. Man nimmt zunächst all jene reduzierten Terme in die Lösung auf, die als einzige einen bestimmten ursprünglichen Term abdecken (und somit unbedingt in der Lösung enthalten sein müssen). Dies sind in obigem Fall R_4, R_5 und R_6. Nun sind nur noch wenige ursprüngliche Terme nicht abgedeckt, und nur noch wenige reduzierte Terme verfügbar. Von diesen wählt man nun jenen, der möglichst viele offene Terme abdeckt. Wenn mehrere Terme zur Wahl stehen, entscheidet man sich nach Belieben. Je nach getroffener Wahl erhält man eine der folgenden (gleichwertigen, optimalen) Lösungen.

$$f(e_1, e_2, e_3, e_4) = R_1 \vee R_2 \vee R_4 \vee R_5 \vee R_6 \text{ oder } f(e_1, e_2, e_3, e_4) = R_2 \vee R_3 \vee R_4 \vee R_5 \vee R_6$$

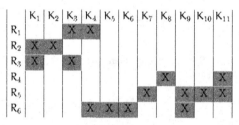

7.4 Verfahren nach Karnaugh-Veitch

Das Verfahren nach Karnaugh-Veitch [12, 21] ist eine graphische Veranschaulichung des Algorithmus von Quine-McCluskey. Durch eine geschickte Darstellung sind diejenigen Terme, die nach der Methode von Quine-McCluskey zusammengefasst werden können, direkt benachbart.

Das Verfahren kann schrittweise folgendermaßen beschrieben werden:

1. Stellen Sie die Funktion in disjunktiver Normalform dar. Dieser Schritt ist optional. Für den Anfänger dürfte es jedoch einfacher sein, von einer disjunktiven Normalform auszugehen.
2. Stellen Sie die Funktion in Form eines Karnaugh-Veitch-Diagramms dar, abhängig davon, wieviele Operanden vorliegen. Die nachfolgende Tabelle zeigt KV-Diagramme für 2, 3 und 4 Operanden.

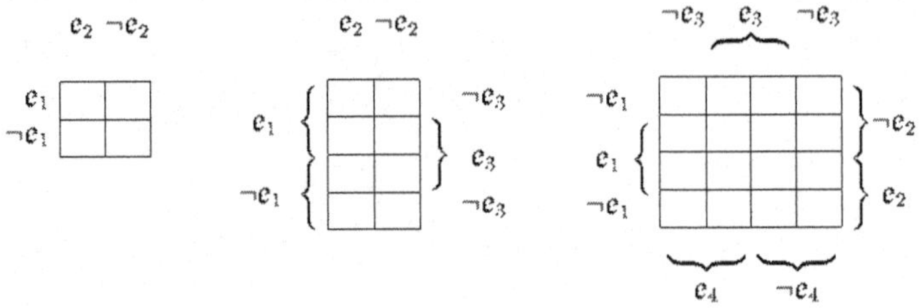

Tabelle 7.2: KV-Diagramme für 2, 3 und 4 Operanden

3. Fassen Sie in dieser graphischen Darstellung möglichst große rechteckige Blöcke von Einsen zusammen.
4. Wählen Sie eine möglichst kleine Teilmenge dieser Blöcke so aus, dass jede Eins des Diagramms in mindestens einem Block aus dieser Teilmenge liegt.
5. Beschreiben Sie jeden Block in Form eines booleschen Ausdrucks, der nur Und-Verknüpfungen von Variablen oder negierten Variablen enthält.
6. Bilden Sie die Oder-Verknüpfung aller so entstandenen Ausdrücke.

Aufgabe 7.14 *Vereinfachen Sie die folgenden Ausdrücke mit dem Verfahren nach* Karnaugh-Veitch:

(a)
$$\begin{array}{rcl} f(e_1, e_2, e_3, e_4) & = & (e_1 \wedge e_2 \wedge e_3 \wedge \neg e_4) \vee \\ & & (e_1 \wedge e_2 \wedge \neg e_3 \wedge e_4) \vee \\ & & (e_1 \wedge e_2 \wedge \neg e_3 \wedge \neg e_4) \vee \\ & & (e_1 \wedge \neg e_2 \wedge e_3 \wedge \neg e_4) \vee \\ & & (e_1 \wedge \neg e_2 \wedge \neg e_3 \wedge \neg e_4) \vee \\ & & (\neg e_1 \wedge \neg e_2 \wedge e_3 \wedge e_4) \vee \\ & & (\neg e_1 \wedge \neg e_2 \wedge e_3 \wedge \neg e_4) \end{array}$$

(b)
$$\begin{array}{rcl} f(e_1, e_2, e_3, e_4) & = & (\neg e_1 \wedge e_3) \vee \\ & & (\neg e_1 \wedge \neg e_3 \wedge \neg e_4) \vee \\ & & (e_1 \wedge \neg e_2 \wedge e_3 \wedge \neg e_4) \vee \\ & & (e_1 \wedge e_2 \wedge \neg e_4) \end{array}$$

Lösung.

(a) Wir versuchen möglichst viele 1, die in benachbarten Feldern stehen, zu Blöcken zusammenzufassen.

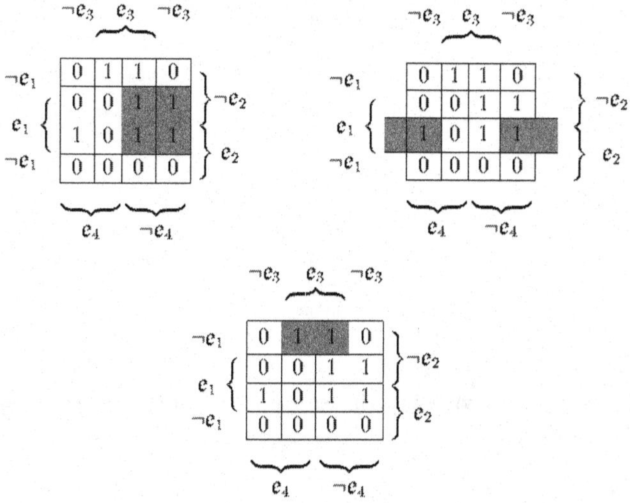

$$f(e_1, e_2, e_3, e_4) = (e_1 \wedge \neg e_4) \vee (e_1 \wedge e_2 \wedge \neg e_3) \vee (\neg e_1 \wedge \neg e_2 \wedge e_3)$$

(b) Beachten Sie, dass Sie die Karnaugh-Veitch-Darstellung erzeugen können, ohne den Ausdruck zuerst in die disjunktive Normalform zu bringen.

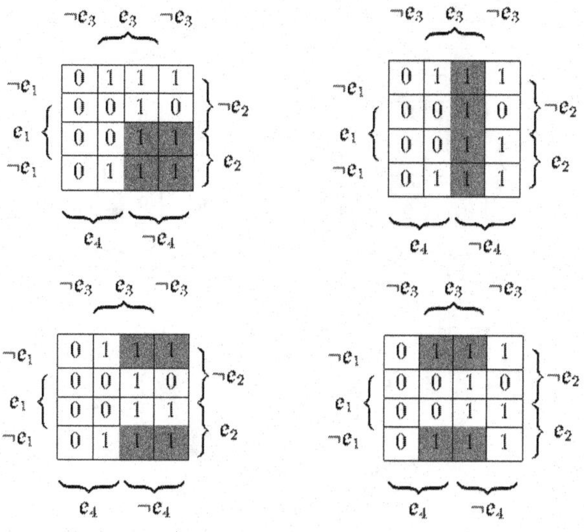

$$f(e_1, e_2, e_3, e_4) = (e_2 \wedge \neg e_4) \vee (e_3 \wedge \neg e_4) \vee (\neg e_1 \wedge \neg e_4) \vee (\neg e_1 \wedge e_3)$$

Aufgabe 7.15 *Vereinfachen Sie die folgenden Ausdrücke mit dem Verfahren nach* Karnaugh-Veitch:

(a)

$$
\begin{array}{rcl}
f(e_1, e_2, e_3, e_4) & = & (\ e_1 \wedge \neg e_2 \wedge e_3 \wedge \neg e_4\ ) \vee \\
 & & (\ e_1 \wedge \neg e_2 \wedge e_3 \wedge e_4\ ) \vee \\
 & & (\ e_1 \wedge e_2 \wedge \neg e_3 \wedge e_4\ ) \vee \\
 & & (\ e_1 \wedge e_2 \wedge e_3 \wedge \neg e_4\ ) \vee \\
 & & (\ \neg e_1 \wedge e_2 \wedge e_3 \wedge e_4\ ) \vee \\
 & & (\ e_1 \wedge e_2 \wedge \neg e_3 \wedge \neg e_4\ )
\end{array}
$$

(b)

$$
\begin{array}{rcl}
f(e_1, e_2, e_3, e_4) & = & (\ e_1 \wedge \neg e_2 \wedge \neg e_3 \wedge \neg e_4\ ) \vee \\
 & & (\ e_1 \wedge e_2 \wedge e_3 \wedge \neg e_4\ ) \vee \\
 & & (\ \neg e_1 \wedge \neg e_2 \wedge e_3 \wedge \neg e_4\ ) \vee \\
 & & (\ \neg e_1 \wedge \neg e_2 \wedge \neg e_3 \wedge \neg e_4\ ) \vee \\
 & & (\ \neg e_1 \wedge \neg e_2 \wedge \neg e_3 \wedge e_4\ ) \vee \\
 & & (\ e_1 \wedge \neg e_2 \wedge \neg e_3 \wedge e_4\ )
\end{array}
$$

Lösung.

(a) Wir versuchen möglichst viele 1, die in benachbarten Feldern stehen, zu Blöcken zusammenzufassen.

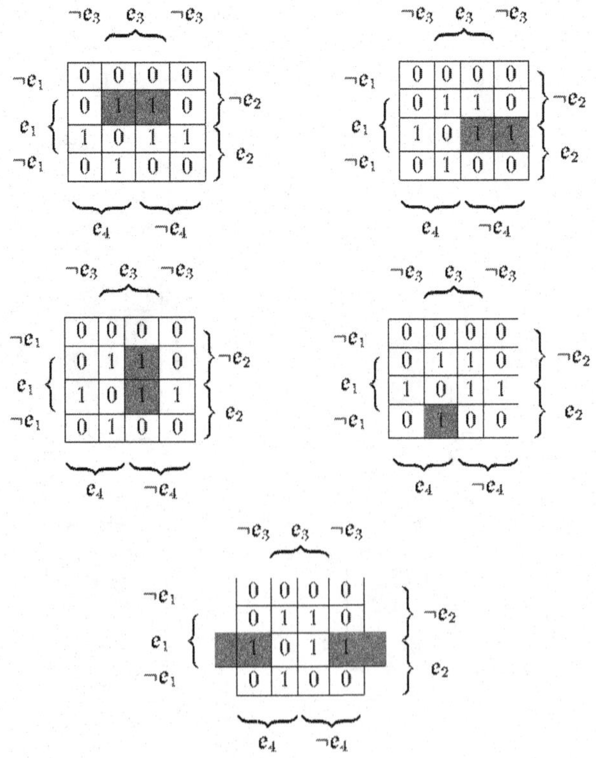

Allerdings sind nicht alle reduzierten Terme erforderlich, um die ursprünglichen Terme abzudecken. Man nimmt zunächst all jene reduzierten Terme in die Lösung auf, die als einzige einen bestimmten ursprünglichen Term abdecken (und somit unbedingt in der Lösung enthalten sein müssen). Sind nur noch wenige ursprüngliche Terme nicht abgedeckt und nur noch wenige reduzierte Terme verfügbar, wählt man jenen, der möglichst viele offene Terme abdeckt. Wenn mehrere Terme zur Wahl stehen, entscheidet man sich nach Belieben. Je nach getroffener Wahl erhält man eine der folgenden (gleich optimalen) Lösungen.

$$f(e_1, e_2, e_3, e_4) = (e_1 \wedge e_2 \wedge \neg e_3) \vee (e_1 \wedge \neg e_2 \wedge e_3) \vee (\neg e_1 \wedge e_2 \wedge e_3 \wedge e_4) \vee (\neg e_1 \wedge e_2 \wedge e_4)$$

oder

$$f(e_1, e_2, e_3, e_4) = (e_1 \wedge e_2 \wedge \neg e_3) \vee (e_1 \wedge \neg e_2 \wedge e_3) \vee (\neg e_1 \wedge e_2 \wedge e_3 \wedge e_4) \vee (\neg e_1 \wedge e_3 \wedge e_4)$$

(b) Wir versuchen möglichst viele 1, die in benachbarten Feldern stehen, zu Blöcken zusammenzufassen.

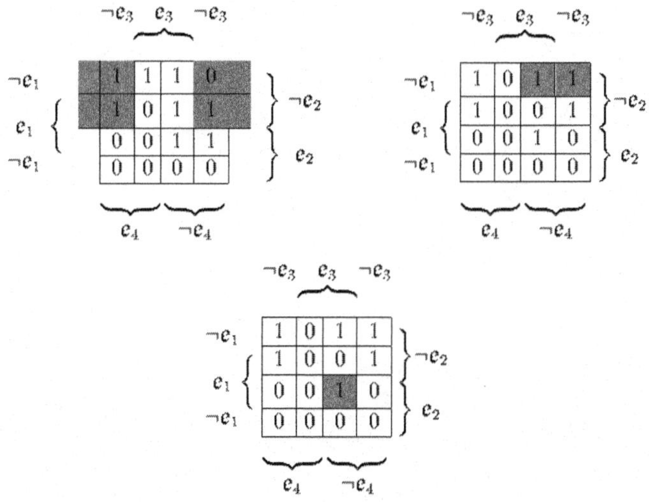

$$f(e_1, e_2, e_3, e_4) = (\neg e_2 \wedge \neg e_3) \vee (\neg e_1 \wedge \neg e_2 \wedge \neg e_4) \vee (e_1 \wedge e_2 \wedge e_3 \wedge \neg e_4)$$

Aufgabe 7.16 *Welchen wesentlichen Vorteil bietet das Vereinfachungsverfahren nach* Quine-McCluskey *gegenüber dem mittels* Karnaugh-Veitch-Diagrammen *(KV-Diagramme)? Welchen Vorteil bieten Karnaugh-Veitch-Diagramme?*

Lösung. Das Vereinfachungsverfahren nach *Quine-McCluskey* kann für Funktionen in beliebig vielen Variablen durchgeführt werden. Das Verfahren nach *Karnaugh-Veitch* ist nur auf Funktionen in bis zu vier Variablen sinnvoll anwendbar. Dafür sind die Karnaugh-Veitch-Diagramme anschaulicher.

8 Fuzzy Logik

Fuzzy Logik (engl.: *fuzzy* = fusselig, vage, ungenau, verschwommen, unscharf) ist eine Verallgemeinerung der zweiwertigen (booleschen) Logik, die Wahrheitswerte zwischen „wahr" und „falsch" zulässt. Grundlage der Fuzzy Logik sind sogenannte unscharfe Mengen. Im Gegensatz zu traditionellen Mengen (im Zusammenhang mit Fuzzy Logik auch scharfe Mengen genannt), in denen ein Element in einer Grundmenge entweder enthalten oder nicht enthalten sein kann, kann ein Element x in einer unscharfen Menge auch *ein wenig* enthalten sein. Der Grad an Zugehörigkeit wird meist durch eine Zugehörigkeitsfunktion $\mu(x)$ beschrieben, die den Elementen einer Grundmenge eine reelle Zahl zwischen 0 und 1 zuordnet.

Ebenso wie bei scharfen Mengen sind auf unscharfe Mengen Operationen definiert, wie z.B. Vereinigung (OR), Durchschnitt (AND) und Komplement (NOT). Damit können auch unscharfe Mengenabgrenzungen mathematisch behandelt werden. Die darauf basierende Theorie wurde von Lotfi A. Zadeh entwickelt [24]. In vielen regelungstechnischen Anwendungen zur Kontrolle von Maschinen und Robotern aber auch in handelsüblichen Haushaltsgeräten sind Steuerungen zu finden, die auf Fuzzy Logik beruhen (*Fuzzy Control*).

8.1 Scharfe Menge

Scharfe Mengen können durch eine zugeordnete charakteristische Funktion beschrieben werden, wobei eine 1 *Zugehörigkeit* und eine 0 *Nichtzugehörigkeit* bedeuten. Diese Funktion wird die Zugehörigkeitsfunktion $\mu(x)$ (engl.: *membership function*) genannt.

Gegeben sei X ein Merkmalsraum, eine Menge bzw. die Gesamtheit aller Objekte und A eine Teilmenge von X ($A \subseteq X$). Die Zugehörigkeitsfunktion $\mu_A(x)$: $X \to \{0, 1\}$ mit

$$\mu_A(x) = \begin{cases} 1 & \text{für } x \in A, \\ 0 & \text{für } x \notin A \end{cases} \tag{8.1}$$

legt für alle $x \in X$ die scharfe Menge A fest.

8.2 Unscharfe Menge

Aus der Zugehörigkeitsfunktion einer *scharfen* Menge kommt man zu der einer *unscharfen* Menge, wenn man für den Zugehörigkeitswert $\mu(x)$ nicht nur die diskreten Werte 0 und 1 zulässt, sondern auch beliebige Werte zwischen 0 und 1 (kontinuierlicher Wertebereich für μ). Auf diese Weise wird es möglich, für die Zugehörigkeit von Elementen zu einer Menge den Übergang zwischen *gehört dazu* und *gehört nicht dazu* festzulegen.

Gegeben sei X ein Merkmalsraum, eine Menge bzw. die Gesamtheit aller Objekte und A eine Teilmenge von X ($A \subseteq X$). Die Zugehörigkeitsfunktion $\mu_A(x)$: $X \to [0, 1]$ ordnet jedem Element $x \in A$ den Zugehörigkeitsgrad $\mu_A(x)$ aus dem Intervall $[0,1]$ zu. A wird als unscharfe Menge oder Fuzzy Menge (engl.: *fuzzy set*) bezeichnet.

8.3 Fuzzyfizierung

Ein Fuzzy Set wird durch eine zugehörige Zugehörigkeitsfunktion beschrieben. Für die Beschreibung von Zugehörigkeitsfunktionen sind beliebige mathematische Funktionen zulässig, die mit linguistischen Variablen versehen werden. Es erweist sich jedoch als besonders einfach, wenn man Zugehörigkeitsfunktionen stückweise linear definiert. Dabei entstehen dreiecksförmige oder trapezförmige Verläufe. Dies hat den Vorteil, dass solche Verläufe der Zugehörigkeitsfunktionen im Rechner einfach als Wertepaare $(\mu(x), x)$ hinterlegt werden. Zwischen diesen festgelegten Punkten wird dann linear interpoliert. Diese Vorgangsweise hat zudem den Vorteil, dass sich die Fuzzyfizierung unter Echtzeitbedingungen besonders zeitlich effizient durchführen lässt.

Für normierte Fuzzy Sets soll folgender Satz gelten:

> *„Die Summe der Zugehörigkeitsmaße aller linguistischen Variablen soll für jeden scharfen Wert 1 betragen.“*

Wird nach dieser Regel vorgegangen, so ist der anschließende Umgang mit den Entscheidungsregeln einfach zu handhaben; außerdem können die Zugehörigkeitsmaße einer diskreten Eingangsgröße x relativ einfach gespeichert werden.

Aufgabe 8.1 *Modellieren Sie den Begriff* „Junger Mensch“ *mit einer Zugehörigkeitsfunktion!*

Lösung.

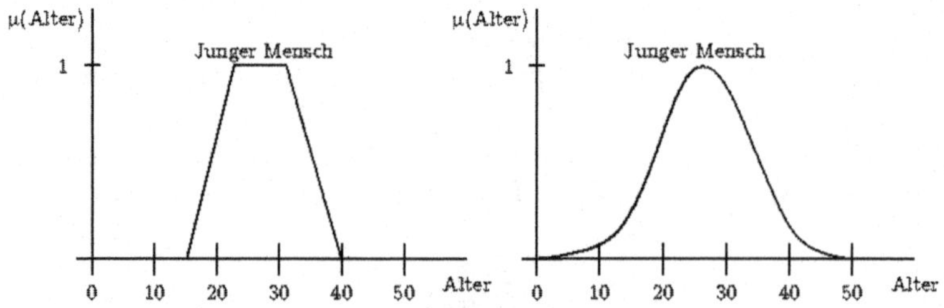

Aufgabe 8.2 *Fuzzyfizieren Sie die Eingangsgröße Geschwindigkeit v eines Fahrzeuges im Ortsgebiet anhand der linguistischen Variablen* sehr langsam/langsam/schnell/sehr schnell/rasend *mit Hilfe von Trapezfunktionen!*

Lösung.

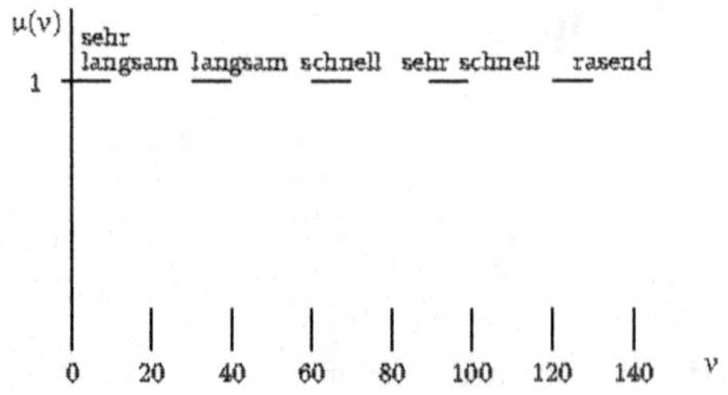

Aufgabe 8.3 *Berechnen Sie das Zugehörigkeitsmaß für die Eingangswerte (a)* $x_1 = 1$ *und (b)* $x_2 = 2$, *wenn die Eingangsgröße im Bereich* $[0, \pi]$ *durch die Funktion* $\mu(x) = \sin^2(x)$ *gegeben ist.*

Lösung.

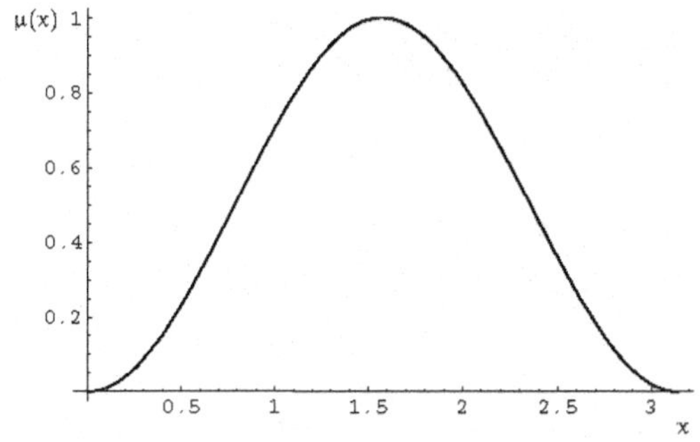

(a) $x_1 = 1 \Rightarrow \mu(1) = \sin^2(1) \approx 0.7081$ (b) $x_1 = 2 \Rightarrow \mu(2) = \sin^2(2) \approx 0.8268$

Aufgabe 8.4 *Die Fuzzyfizierung einer Eingangsgröße* x *soll mit Hilfe normierter Fuzzy Sets durchgeführt werden, die folgendermaßen lauten:* V *(verschwindend),* PK *(positiv klein),* PM *(positiv mittel) und* PG *(positiv groß). Der Verlauf der Zugehörigkeitsfunktionen* $\mu(x)$ *ist im Rechner tabellarisch wie folgt hinterlegt:*

	0	1	2	3	4	5	6	7	8
V	1	0	0	0	0	0	0	0	0
PK	0	1	1	0.5	0	0	0	0	0
PM	0	0	0	0.5	1	0.5	0	0	0
PG	0	0	0	0	0	0.5	1	1	1

Zeichnen Sie den Verlauf der Zugehörigkeitsfunktionen und bestimmen Sie die Zugehörigkeitsmaße für den Eingangswert $x = 3.5$.

Lösung.

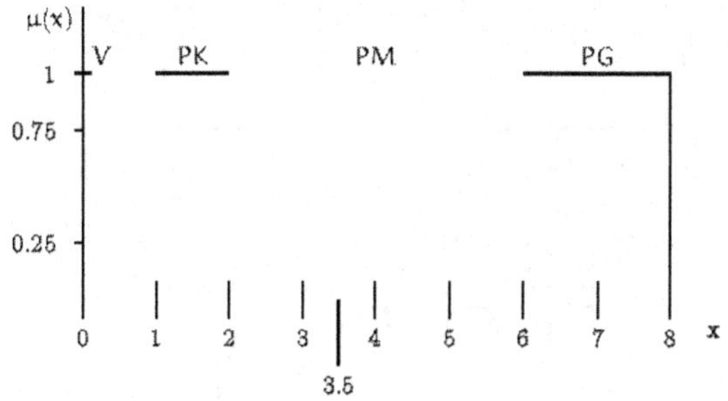

Zugehörigkeitsmaße für den Eingangswert $x = 3.5$:

$$\begin{aligned}
\mu(x = 3.5)_V &= 0 \\
\mu(x = 3.5)_{PK} &= 0.25 \\
\mu(x = 3.5)_{PM} &= 0.75 \\
\mu(x = 3.5)_{PG} &= 0
\end{aligned}$$

8.4 Fuzzy Operatoren

Sollen Fuzzy Sets ein und derselben Grundmenge miteinander verknüpft werden, stehen unterschiedliche Operatoren zur Verfügung. So z.B.:

- für die OR-Verknüpfung zweier Fuzzy Sets A und B der *Maximum-Operator*, definiert durch die Vereinigung der unscharfen Mengen A und B:

$$A \text{ OR } B \equiv A \cup B \equiv \mu(x) = \max(\mu_A(x), \mu_B(x)), \text{ mit } x \in X \tag{8.2}$$

- für die AND-Verknüpfung zweier Fuzzy Sets A und B der *Minimum-Operator*, definiert durch den Durchschnitt der unscharfen Mengen A und B:

$$A \text{ AND } B \equiv A \cap B \equiv \mu(x) = \min(\mu_A(x), \mu_B(x)), \text{ mit } x \in X \tag{8.3}$$

- für die Negation eines Fuzzy Sets A das *Komplement* der unscharfen Menge A:

$$\text{NOT } A \equiv \mu(x) = 1 - \mu_A(x), \text{ mit } x \in X \tag{8.4}$$

Aufgabe 8.5 *Zu Aufgabe 8.2: Geben Sie die entstehenden Fuzzy Mengen bei Ausführung folgender Operationen an:*

(a) sehr langsam *OR* schnell

(b) langsam *UND* schnell

(c) *NOT* rasend

Lösung.

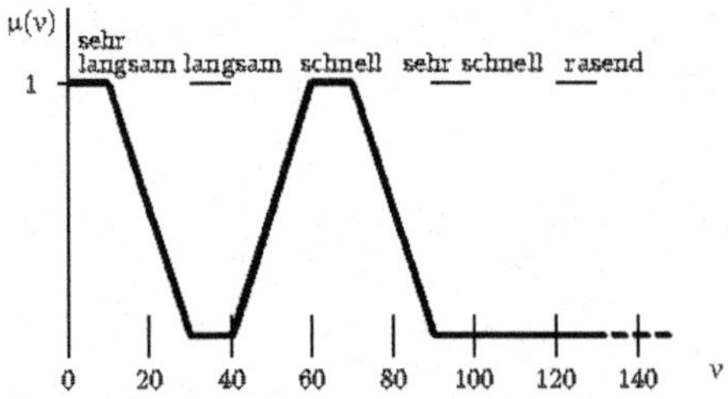

(a) *sehr langsam* OR *sehr schnell*

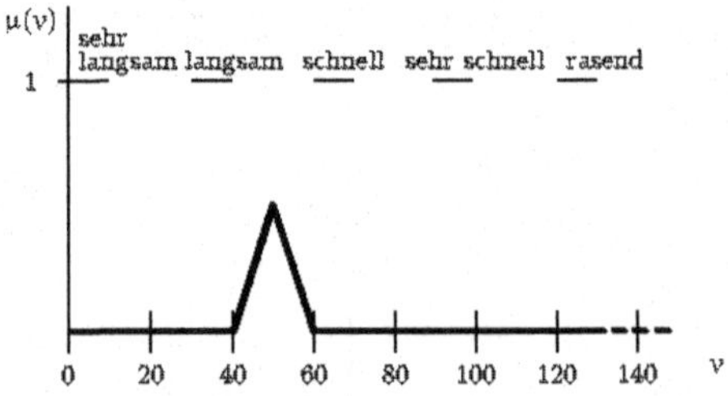

(b) *langsam* UND *schnell*

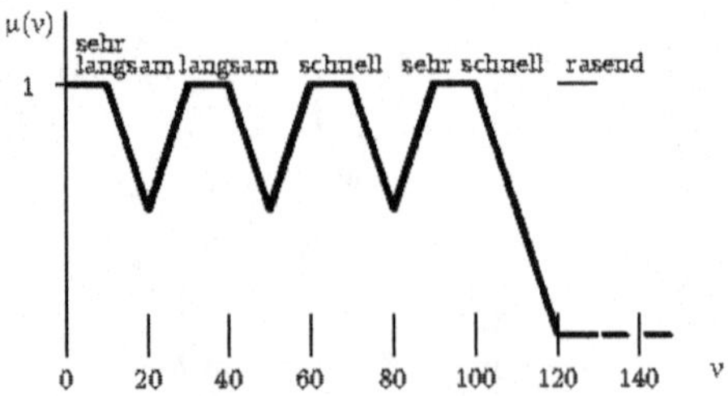

(c) NOT *rasend*

8.5 Regelbasis

Die Regelbasis (engl.: *rule base*) enthält Produktionsregeln $R_1, R_2, \ldots, R_n$. In ihr ist das „Expertenwissen" hinterlegt, was zu tun ist, wenn eine bestimmte Eingangssituation vorliegt. Allgemein kann eine Regelbasis beschrieben werden als

$$R_k : \text{IF } p_k(e) \text{ THEN } c_k(a) \tag{8.5}$$

Darin sind:

- e die Eingangsgrößen,
- a die Ausgangsgrößen,
- p_k die Prämissen als Funktionen der Eingangsgrößen e,
- c_k die Konklusionen als Aussagen, die sich auf die Ausgangsgröße a beziehen.

Die in der Regelbasis enthaltenen Regeln stellen das Ergebnis eingehender Systemanalyse dar; sie sollten nach Möglichkeit vollständig und widerspruchsfrei sein. Die Menge der Produktionsregeln wird durch Wissensakquisition (engl.: *knowledge acquisition and knowledge engineering*) ermittelt. Der Vorteil dieses regelbasierten Ansatzes besteht darin, dass man bei unzureichendem Systemverhalten einfach den Inhalt der Regelbasis modifizieren kann, um so interaktiv zu einer verbesserten Systemreaktion zu kommen.

Eine Regelbasis wird als endliche Menge von Produktionsregeln dargestellt wie untenstehend gezeigt. Trifft eine Regel auf eine Prämisse zu, so spricht man davon, dass die Regel „feuert".

$$\begin{aligned}
R_1 &: \text{IF } e_1 = \text{NG AND } e_2 = \text{V THEN } a = \text{PG ELSE} \\
R_2 &: \text{IF } e_1 = \text{NM AND } e_2 = \text{V THEN } a = \text{PM ELSE} \\
\vdots &\quad \vdots \\
R_n &: \text{IF } e_1 = \text{V AND } e_2 = \text{PG THEN } a = \text{NG;}
\end{aligned}$$

Aufgabe 8.6 *Nehmen Sie an, dass die Eingangsgröße Geschwindigkeit v eines Fahrzeuges im Ortsgebiet anhand der linguistischen Variable*

sehr langsam/langsam/schnell/sehr schnell/rasend

und die Ausgangsgröße Bremsdruck p anhand der linguistischen Variable

voll/mittlere/kleine/keine

Bremsung fuzzyfiziert wurde. Entwerfen Sie eine vollständige Regelbasis, die die im Ortsgebiet vorgeschriebene Geschwindigkeit (50 km/h) ermöglicht.

Lösung.

$$\begin{aligned}
R_1 &: \text{IF } v = \text{ sehr langsam THEN } p = \text{keine Bremsung;} \\
R_2 &: \text{IF } v = \text{ langsam THEN } p = \text{keine Bremsung;} \\
R_3 &: \text{IF } v = \text{ schnell THEN } p = \text{kleine Bremsung;} \\
R_4 &: \text{IF } v = \text{ sehr schnell THEN } p = \text{mittlere Bremsung;} \\
R_5 &: \text{IF } v = \text{ rasend THEN } p = \text{volle Bremsung;}
\end{aligned}$$

8.6 Inferenz

Unter Inferenz versteht man die Auswertung der Regeln aus der Regelbasis und die anschließende Zusammenfassung der daraus abzuleitenden Handlungsanweisungen (Konklusionen) auf der Grundlage einer speziell implementierten Entscheidungsstrategie. Die Auswertung einer Regel R_k läuft folgendermaßen ab:

1. Zuerst wird das Zugehörigkeitsmaß der Prämisse ermittelt; es gibt an, in welchem Maß die Regel „feuert".

2. Für jeden scharfen Wert der Ausgangsgröße ist zu bestimmen, in welchem Maß er eine Handlungsanweisung der Regel darstellt, d.h.,

$$\mu_k(a) = p_k(e) \wedge c_k(a) \tag{8.6}$$

   Der Wert von μ_k weist auf die unscharfe Menge der Ausgangsgröße hin. Zwei der wichtigsten Strategien seien kurz erwähnt:

   - Bei der *MAX-MIN Inferenz* werden die Operatoren folgendermaßen auf die Verknüpfungen bzw. Relationen zugewiesen:

$$\begin{array}{ll} \text{OR} & \max \\ \text{AND} & \min \\ \text{Implikation} & \min \end{array} \tag{8.7}$$

   - Bei der *MAX-PROD Inferenz* verwendet man dieselben Operatoren zur Realisierung der OR- und AND-Verknüpfung, die Implikation ist hingegen durch den Produkt-Operator (·) realisiert:

$$\begin{array}{ll} \text{OR} & \max \\ \text{AND} & \min \\ \text{Implikation} & \cdot \end{array} \tag{8.8}$$

3. Da meist mehrere Regeln aus der Regelbasis gleichzeitig „feuern", bildet man als Ergebnis der Handlungsanweisungen aller Regeln die unscharfe Menge durch Vereinigung aller unscharfen Mengen.

Aufgabe 8.7 *Gegeben sind die Fuzzy Sets für die Geschwindigkeit v und den Bremsdruck p eines Fahrzeuges.*

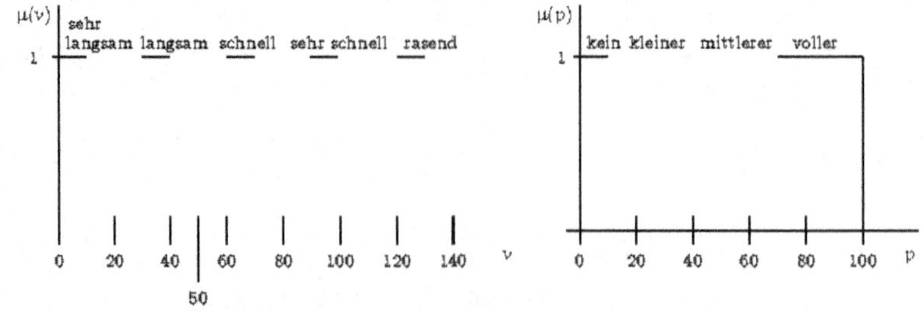

Zeigen Sie anhand der in Aufgabe 8.6 aufgestellten Regelbasis und der Eingangsgröße v = 20 km/h das entstehende Fuzzy Set der Ausgangsgröße, wenn nach (a) MAX-MIN- und (b) MAX-PROD Inferenz vorgegangen wird.

Lösung.

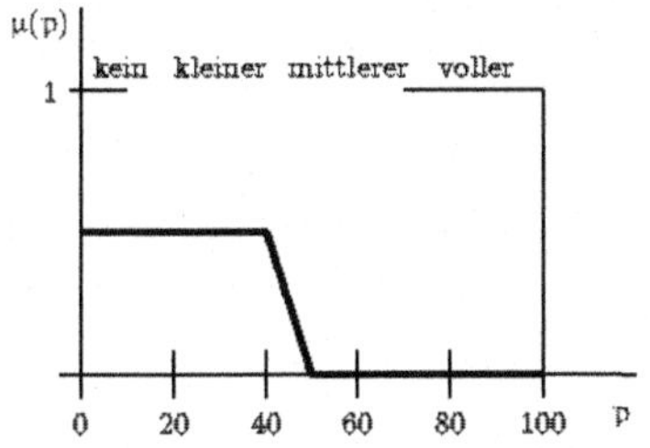

(a) MAX-MIN Inferenz

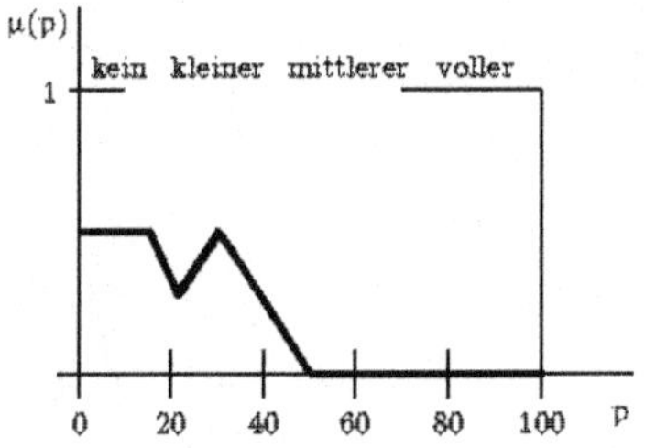

(b) MAX-PROD Inferenz

8.7 Defuzzyfizierung

Unter Defuzzyfizierung versteht man die Ermittlung eines scharfen Wertes (engl.: *crisp value*) für die Ausgangsgröße aus der unscharfen Menge, welche die Inferenz geliefert hat.

Übliche Methoden der Defuzzyfizierung sind:

Maximum-Height (maximale Höhe). Die Maximum-Height-Methode liefert als Ausgangswert den Wert, für den die Zugehörigkeitsfunktion der Ausgangsgröße ihr Maximum erreicht. Der Vorteil dieser Methode besteht in der einfachen Berechnung des scharfen Wertes. Ungünstig ist diese Methode nur dann, wenn in der unscharfen Menge der Ausgangswerte mehrere Maxima auftreten.

Mean-of-Maxima (Maximum-Mittelwert). Die Maximum-Mittelwertmethode liefert als Ausgangsgröße das arithmetische Mittel aller Werte, für welche die Zugehörigkeitsfunktion maximal ist. Ungünstig verhält sich diese Methode allerdings dann, wenn im Verlauf der unscharfen Ausgangsgröße plateauartige Verläufe (mit der Steigung Null) auftreten.

Center of Gravity (Schwerpunktmethode). Die Schwerpunktsmethode liefert als Ausgangsgröße den Abszissenwert des Schwerpunktes der Fläche unter dem Graphen der unscharfen Ausgangsgröße. Dabei wird die Zugehörigkeitsfunktion der Ausgangsgröße als Fläche aufgefasst. Schwerpunkt ist der Punkt der Fläche, in dem man diese unterstützen müsste, um sie in einem labilen Gleichgewicht zu halten. Die scharfe Ausgangsgröße erhält man durch die Berechnung der u-Koordinate des Flächenschwerpunktes nach folgender Formel:

$$u_S = \frac{\int_u u \cdot \mu_U(u) \cdot du}{\int_u \mu_U(u) \cdot du} \tag{8.9}$$

Der Vorteil dieser Methode besteht darin, dass der gesamte Verlauf der Zugehörigkeitsfunktion der Ausgangsgröße in die Berechnung eingeht.

Aufgabe 8.8 *Ermitteln Sie den scharfen Wert für den folgenden Verlauf der Ausgangsgröße x nach den Verfahren (a) maximale Höhe, (b) Maximum-Mittelwert und (c) Schwerpunktmethode. Beurteilen Sie jeweils die ermittelten scharfen Werte!*

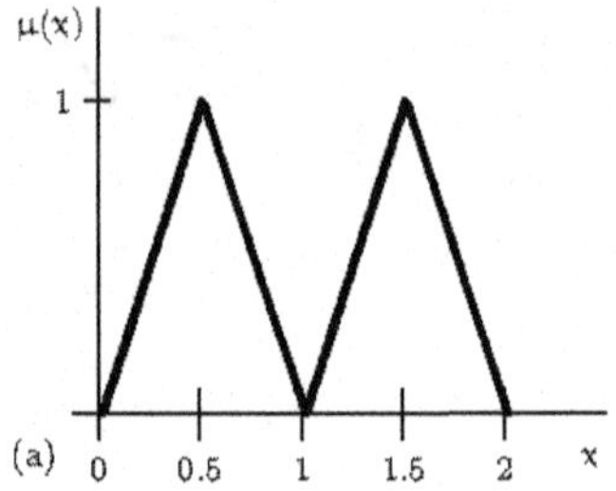

Lösung.

(a) Maximale Höhe: Es liegen zwei Spitzenwerte bei $x = 0.5$ und $x = 1.5$ mit jeweils maximalem Erfülltheitsmaß $\mu(x = 0.5) = \mu(x = 1.5) = 1.0$ vor. Als scharfer Wert kann einer dieser beiden Werte gewählt werden.

(b) Maximum-Mittelwert: Die Maximum-Mittelwert-Methode verhält sich in diesem Fall besonders ungünstig, weil sich bei dem symmetrischen Verlauf der normierten Zugehörigkeitsfunktion für den scharfen Wert der Wert $x_{\text{scharfer Wert}} = 1.0$ ergibt, der dadurch gekennzeichnet ist, dass gerade bei diesem Wert die Zugehörigkeitsfunktion ein minimales Zugehörigkeitsmaß von $\mu(x = 1) = 0$ ergibt.

(c) Schwerpunktmethode: Die Situation ist dieselbe wie bei Verwendung der Maximum-Mittelwert-Methode. Durch den symmetrischen Verlauf der normierten Zugehörigkeitsfunktion ergibt sich für den scharfen Wert der Wert $x_{\text{scharfer Wert}} = 1.0$, der abermals dadurch gekennzeichnet ist, dass gerade bei diesem Wert die Zugehörigkeitsfunktion ein minimales Zugehörigkeitsmaß von $\mu(x = 1) = 0$ beträgt.

Aufgabe 8.9 *Aufbauend auf Aufgabe 8.7: Ermitteln Sie den scharfen Wert der Ausgangsgröße p nach der Maximum-Mittelwert-Methode und (a) der MAX-MIN Inferenz Strategie bzw. (b) der MAX-PROD Inferenz Strategie. Warum erweist sich bei der MAX-PROD Inferenz dieses Defuzzyfizierungsverfahren als ungünstig?*

Lösung.

(a) Für MAX-MIN Inferenz berechnet man den scharfen Wert folgendermaßen:

$$p_{\text{scharfer Wert}} = \frac{0 + 40}{2} = 20$$

(b) Bei der MAX-PROD Inferenz erweist sich der plateauförmigen Verlauf von $[0, 18]$ und der Spitzenwert bei 30 als ungünstig. Eine mögliche Variante bei Verwendung des Mean-of-Maxima Verfahrens dennoch auf einen scharfen Wert zu schließen wäre:

$$p_{\text{scharfer Wert}} = \frac{\frac{0+18}{2} + 30}{2} = 19.5$$

Aufgabe 8.10 *Welchen Nachteil weist die Maximum-Mittelwert-Methode bei der Defuzzyfizierung auf?*

Lösung. Die Maximum-Mittelwert-Methode erweist sich als ungünstig, wenn nach der Inferenz im Verlauf der Ausgangsgröße Plateaus auftreten.

Aufgabe 8.11 *Erläutern Sie den Begriff „Schwerpunkt".*

Lösung. Unter dem Schwerpunkt versteht man den Punkt einer vorgegebenen Fläche, in dem man diese Fläche unterstützen muss, so dass sie im Gleichgewicht gehalten werden kann.

Aufgabe 8.12 *Worin liegt der Vorteil der Schwerpunktmethode bei der Defuzzyfizierung gegenüber anderen Verfahren der Defuzzyfizierung?*

Lösung. Bei der Ermittlung des scharfen Ausgangswertes $x_{\text{scharfer Wert}}$ geht die gesamte ermittelte Ausgangsmenge x in die Berechnung ein. Bei den anderen erwähnten Verfahren werden nur die Spitzenwerte berücksichtigt.

Aufgabe 8.13 *Die Stellung* (x) *eines Ventils (0 bis 100 Grad) regelt die Brennstoffzufuhr einer Heizung in Abhängigkeit von den gemessenen Werten der beiden Eingangsgrößen* Temperatur (T) *und* Temperaturgradient ($\delta = \frac{dT}{dt}$)*. Die beiden Eingangsgrößen und die Ausgangsgröße wurden folgendermaßen fuzzyfiziert:*

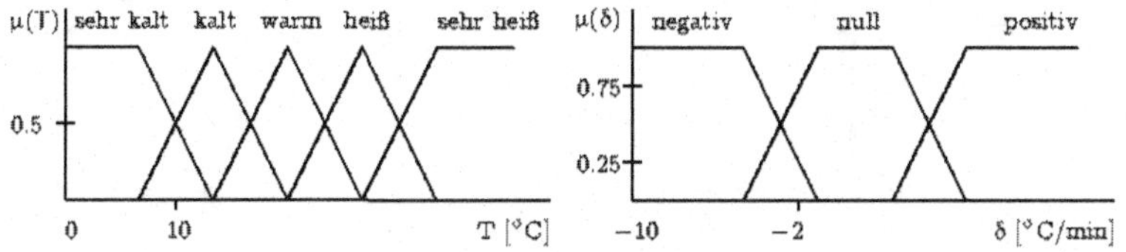

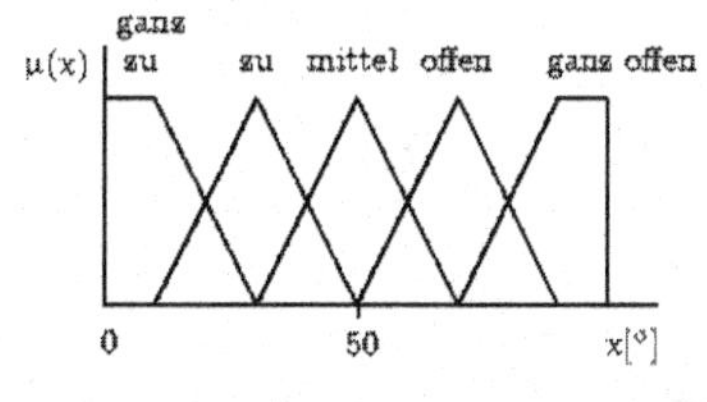

Angenommen, zu einem bestimmten Zeitpunkt t *wird die Temperatur* $T = 10°C$ *und der Temperaturabfall von* $\delta = -2°C/min$ *gemessen. Für diese scharfen Eingangswerte sollen die einzigen aktiven Regeln aus einer Regelbasis lauten:*

R_1: **IF** T = kalt **AND** δ = negativ **THEN** x = mittel
R_2: **IF** T = sehr kalt **OR** δ = null **THEN** x = offen

Zeigen Sie die entstehenden Fuzzy Sets der Ausgangsgröße bei Verwendung (a) der MAX-MIN Inferenz und (b) der MAX-PROD Inferenz!

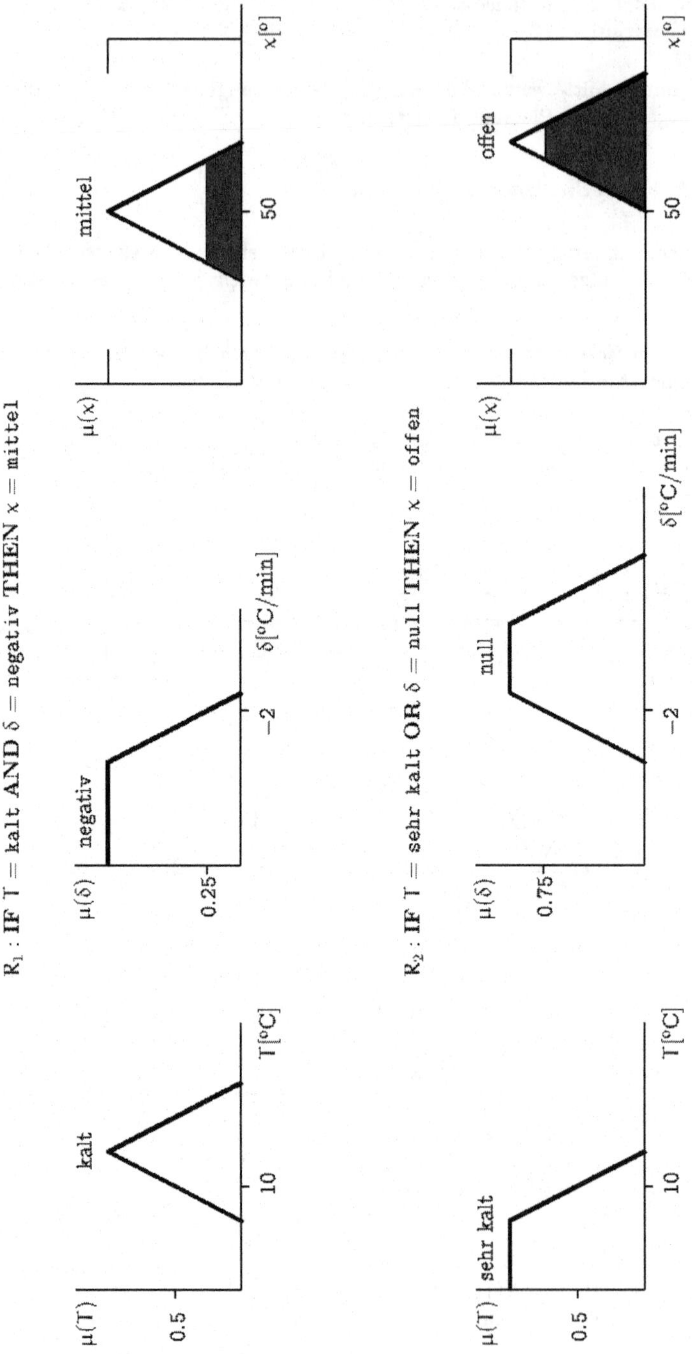

Abbildung 8.1: Lösung bei Verwendung der MAX-MIN Inferenz

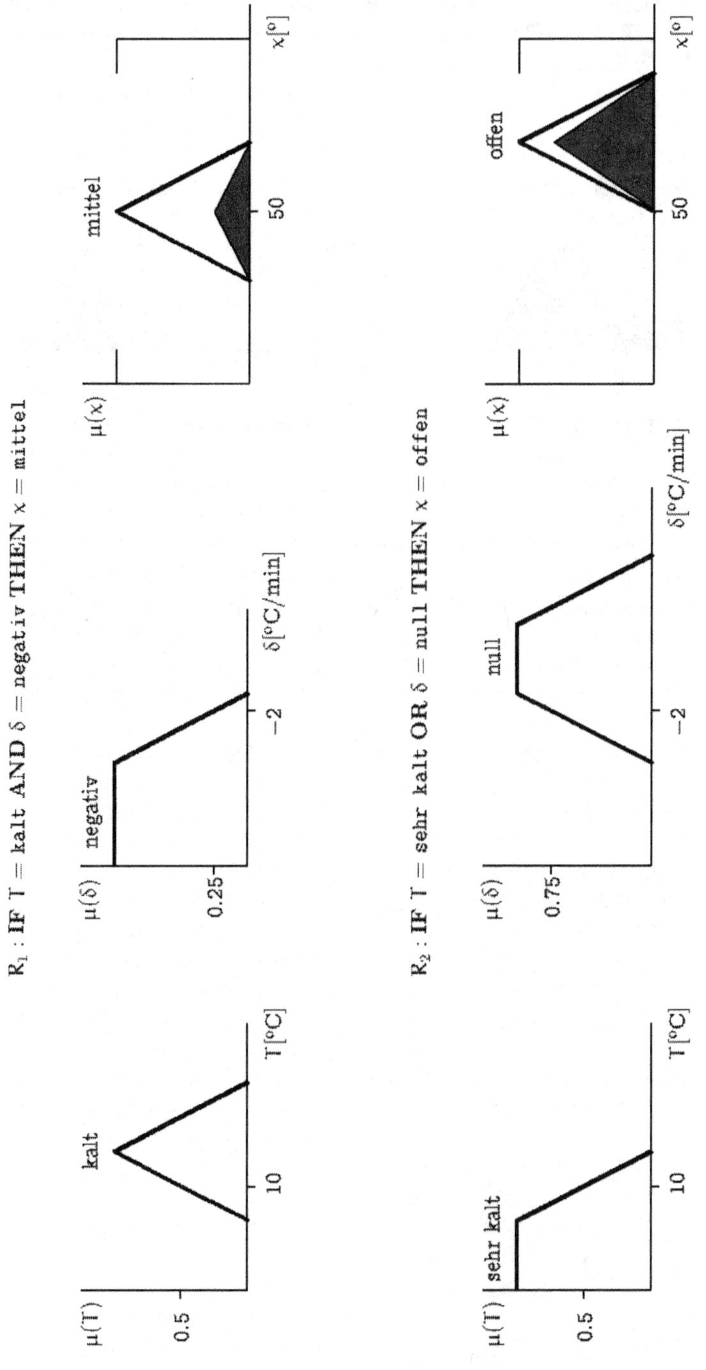

Abbildung 8.2: Lösung bei Verwendung der MAX-PROD Inferenz

Aufgabe 8.14 *Zu Aufgabe 8.13: Berechnen Sie die scharfen Werte bei Anwendung der Schwerpunktmethode und (a) MAX-MIN Inferenz bzw. (b) MAX-PROD Inferenz!*

Lösung.

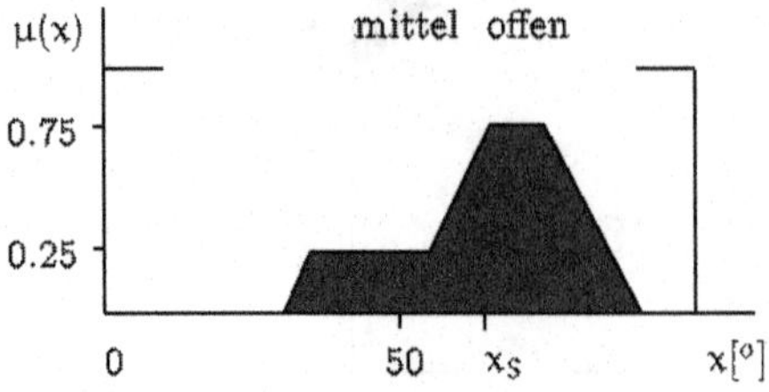

(a) MAX-MIN Inferenz

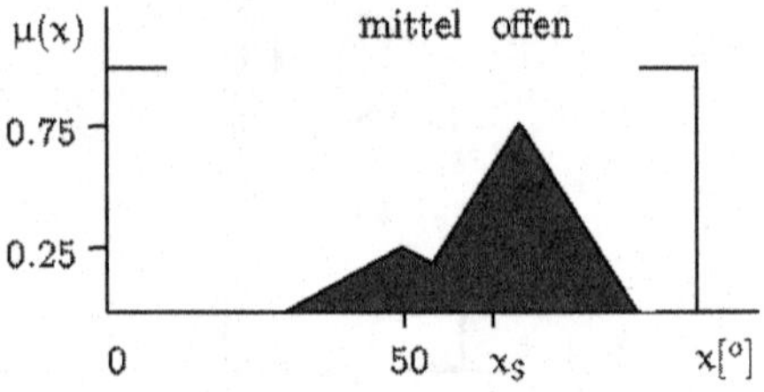

(b) MAX-PROD Inferenz

(a)

$$\begin{aligned}\int_{30}^{90} x \cdot f(x)dx &= \int_{30}^{35} x \cdot \frac{x-30}{20}dx + \int_{35}^{55} x \cdot \frac{1}{4}dx + \int_{55}^{65} x \cdot \frac{x-50}{20}dx \\ &\quad + \int_{65}^{75} x \cdot \frac{3}{4}dx + \int_{75}^{90} x \cdot \frac{90-x}{20}dx \\ &= \frac{125}{6} + 225 + \frac{1825}{6} + 525 + 450 \\ &= 1525\end{aligned}$$

$$\begin{aligned}\int_{30}^{90} f(x)dx &= \int_{30}^{35} \frac{x-30}{20}dx + \int_{35}^{55} \frac{1}{4}dx + \int_{55}^{65} \frac{x-50}{20}dx \\ &\quad + \int_{65}^{75} \frac{3}{4}dx + \int_{75}^{90} \frac{90-x}{20}dx \\ &= \frac{5}{8} + 5 + 5 + \frac{15}{2} + \frac{45}{8} \\ &= \frac{95}{4}\end{aligned}$$

$$\begin{aligned}x_s &= \frac{\int_{30}^{90} x \cdot f(x)dx}{\int_{30}^{90} f(x)dx} \\ &= \frac{1220}{19} \\ &\approx 64.210526^\circ\end{aligned}$$

(b)

$$\begin{aligned}\int_{30}^{90} x \cdot f(x)dx &= \int_{30}^{50} x \cdot \frac{x-30}{80}dx + \int_{50}^{55} x \cdot \frac{70-x}{80}dx + \int_{55}^{70} x \cdot \frac{3 \cdot x - 150}{80}dx \\ &\quad + \int_{70}^{90} x \cdot \frac{270 - 3 \cdot x}{80}dx \\ &= \frac{325}{3} + \frac{1375}{24} + 450 + 575 \\ &= \frac{9525}{8}\end{aligned}$$

$$\begin{aligned}\int_{30}^{90} f(x)dx &= \int_{30}^{50} \frac{x-30}{80}dx + \int_{50}^{55} \frac{70-x}{80}dx + \int_{55}^{70} \frac{(3 \cdot x - 150)}{80}dx \\ &\quad + \int_{70}^{90} \frac{270 - 3 \cdot x}{80}dx \\ &= \frac{5}{2} + \frac{35}{32} + \frac{225}{32} + \frac{15}{2} \\ &= \frac{145}{8}\end{aligned}$$

$$\begin{aligned}x_s &= \frac{\int\limits_{30}^{90} x \cdot f(x)dx}{\int\limits_{30}^{90} f(x)dx} \\ &= \frac{1905}{29} \\ &\approx 65.689655^{\circ}\end{aligned}$$

Literaturverzeichnis

[1] P. Bachmann: *Zahlentheorie, Versuch einer Gesamtdarstellung. Band I: Die Elemente der Zahlentheorie*, Teubner-Verlag, 1892.

[2] J. Blieberger, B. Burgstaller, G.H. Schildt: *Informatik – Grundlagen*, Springer-Verlag Wien New York, 2002.

[3] G. Boole: *An Investigation of the Laws of Thought, on Which Are Founded the Mathematical Theories of Logic and Probabilities*, Dover, 1958.

[4] Comité Consultatif International Téléphonique et Télégraphique (CCITT): *General Aspects of Digital Transmission Systems, Terminal Equipments – Frame Alignment and Cyclic Redundancy Check (CRC) Procedures relating to Basic Frame Structures Defined in Recommendation G.704*, Standard G. 706, 1991.

[5] R.G. Gallager: *Variations of a Theme by Huffman*, IEEE Transactions on Information Theory (IT), Vol. 24 (6), pp. 668-674, 1978.

[6] D. Goldberg: *What Every Computer Scientist Should Know About Floating-Point Arithmetic*, Association for Computing Machinery Computing Surveys, Vol. 23 (1), pp. 5-48, 1991.

[7] S.W. Golomb, B. Gordon, L.R. Welch: *Comma Free Codes*, Canadian Journal of Mathematics, Vol. 10 (2), pp. 202-209, 1958.

[8] M. Graband: *Sicherheitsrelevante Funkdatenübertragung mit selbstsynchronisierendem Code für Verkehrssysteme*, Dissertation, Technische Universität Braunschweig, 1982.

[9] R.W. Hamming: *Error-Detecting and Error-Correcting Codes*, Bell System Technical Journal, Vol. 29, pp. 147-160, 1950.

[10] D. Huffman: *A Method for the Construction of Minimum Redundancy Codes*, Proceedings of the Institute of Radio Engineers (IRE), Vol. 40 (9), pp. 1098-1101, 1952.

[11] IEEE: *Standard 754-1985 for Binary Floating-Point Arithmetic*, Institute of Electrical and Electronic Engineers, Inc., 1985.

[12] M. Karnaugh: *The Map Method for Synthesis of Combinational Logic Circuits*, Transactions of the American Institute of Electrical Engineers (IEE), Vol. 72 (9), pp. 593-599, 1953.

[13] D.E. Knuth: *The Art of Computer Programming*, Addison-Wesley, 1973.

[14] G.W. Leibniz: *Mathematische Schriften*, hrsg. von Carl Immanuel Gerhardt (ursprüngliche Veröffentlichung 1849-63), Nachdruck: Georg Olms Verlag, 1971.

[15] E.L. McCluskey: *Minimization of Boolean Functions*, Bell System Technical Journal, Vol. 35, pp. 437-457, 1956.

[16] A. Moffat, R.M. Neal, I.H. Witten: *Arithmetic Coding Revisited*, ACM Transactions on Information Systems (TOIS), Vol. 16 (3), pp. 256-294, 1998.

[17] W. Quine: *The Problem of Simplifying Truth Functions*, American Mathematical Monthly, Vol. 59 (8), pp. 521-531, 1952.

[18] Range Commanders Council: *Telemetry Standards*, IRIG Standard 106, 1971.

[19] C.E. Shannon: *A Mathematical Theory of Communication*, Bell System Technical Journal, Vol. 27, pp. 379-423 und 623-656, Juli und Oktober, 1948.

[20] C.E. Shannon, W. Weaver: *Mathematical Theory of Communication*, University of Illinois Press, 1963.

[21] E.W. Veitch: *A Chart Method for Simplifying Truth Functions*, Proceedings of the 1952 ACM National Meeting, pp. 127-133, 1952.

[22] N. Wiener: *Cybernetics: or Control and Communication in the Animal and the Machine*, MIT Press, 1961.

[23] I.H. Witten, R.M. Neal, J.G. Cleary: *Arithmetic Coding for Data Compression*, Communications of the Association for Computing Machinery, Vol. 30 (6), pp. 520-540, 1987.

[24] L.A. Zadeh: *Fuzzy Sets*, Information and Control, Vol. 8, pp. 338-353, 1965.

SpringersLehrbücher der Informatik

Gerd Baron,
Peter Kirschenhofer

Einführung in die Mathematik für Informatiker
Band 1

Zweite, überarbeitete Auflage.
1992. VIII, 196 Seiten. 28 Abbildungen.
Broschiert **EUR 24,20**, sFr 41,50
ISBN 3-211-82397-2

Gerd Baron,
Peter Kirschenhofer

Einführung in die Mathematik für Informatiker
Band 2

Zweite, überarbeitete Auflage.
1996. VIII, 217 Seiten. 28 Abbildungen.
Broschiert **EUR 31,50**, sFr 54,–
ISBN 3-211-82748-X

Gerd Baron,
Peter Kirschenhofer

Einführung in die Mathematik für Informatiker
Band 3

Zweite, verbesserte Auflage.
1996. VIII, 191 Seiten. 79 Abbildungen.
Broschiert **EUR 31,50**, sFr 54,–
ISBN 3-211-82797-8

Johann Blieberger,
Bernd Burgstaller,
Gerhard-Helge Schildt

Informatik
Grundlagen

Vierte, überarbeitete Auflage.
2002. X, 230 Seiten. 72 Abbildungen.
Broschiert **EUR 24,80**, sFr 42,50
ISBN 3-211-83710-8

Reinhard K. W. Viertl

Einführung in die Stochastik
Mit Elementen der Bayes-Statistik und der Analyse unscharfer Information

Dritte, überarbeitete und erweiterte Auflage.
2003. XV, 224 Seiten. 51 Abbildungen.
Broschiert **EUR 29,80**, sFr 51,–
ISBN 3-211-00837-3

In Vorbereitung:
Gerhard-H. Schildt,
Wolfgang Kastner

Einführung in die Technische Informatik
Aufgaben und Lösungen

2005. Etwa 200 Seiten.
Broschiert etwa **EUR 19,80**, sFr 34,–
ISBN 3-211-21502-6

SpringerWienNewYork

P.O. Box 89, Sachsenplatz 4–6, 1201 Wien, Österreich, Fax +43.1.330 24 26, books@springer.at, **springer.at**
Haberstraße 7, 69126 Heidelberg, Deutschland, Fax +49.6221.345-4229, SDC-bookorder@springer-sbm.com, springer.de
P.O. Box 2485, Secaucus, NJ 07096-2485, USA, Fax +1.201.348-4505, orders@springer-ny.com
Eastern Book Service, 3–13, Hongo 3-chome, Bunkyo-ku, Tokyo 113, Japan, Fax +81.3.38 18 08 64, orders@svt-ebs.co.jp
Preisänderungen und Irrtümer vorbehalten.

SpringerTechnik

Gerhard-Helge Schildt, Wolfgang Kastner

Prozeßautomatisierung

1998. XV, 270 Seiten. 229 Abbildungen.
Broschiert EUR 19,80, sFr 34,–
ISBN 3-211-82999-7

Die Prozeßautomatisierung umfasst die Gebiete der Meß-, Steuerungs- und Regelungstechnik und verbindet sie mit der Informatik. Diese Übersicht vermittelt ingenieurmäßiges Wissen über Petri-Netz-Modelle, den Aufbau von Prozeßrechneranlagen, venetzte Rechnersysteme, rechnergestützte Entwicklungsverfahren, Regelungstechnik inklusive Fuzzy-Control, Software-Entwicklung für Automatisierungssysteme.

Pressestimmen:
„Der Buchtitel benennt ein sehr umfangreiches Gebiet; umfaßt es doch Fertigungstechnik, Computertechnik in Hard- und Software, Echtzeitdatenverarbeitung, Regelungstechnik, Redundanz, Zuverlässigkeit und anderes ... Den Autoren ist es ... gelungen, die wesentlichen Fakten herauszuarbeiten und unkompliziert darzustellen ... Leser, die an einer derartigen Breite interessiert sind, werden sicher an dem Buch Gefallen finden."

International Journal Automation Austria

SpringerWienNewYork

P.O. Box 89, Sachsenplatz 4–6, 1201 Wien, Österreich, Fax +43.1.330 24 26, books@springer.at, **springer.at**
Haberstraße 7, 69126 Heidelberg, Deutschland, Fax +49.6221.345-4229, SDC-bookorder@springer-sbm.com, springer.de
P.O. Box 2485, Secaucus, NJ 07096-2485, USA, Fax +1.201.348-4505, orders@springer-ny.com, springeronline.com
Eastern Book Service, 3–13, Hongo 3-chome, Bunkyo-ku, Tokyo 113, Japan, Fax +81.3.38 18 08 64, orders@svt-ebs.co.jp
Preisänderungen und Irrtümer vorbehalten.

Springer und Umwelt

Als internationaler wissenschaftlicher Verlag sind wir uns unserer besonderen Verpflichtung der Umwelt gegenüber bewusst und beziehen umweltorientierte Grundsätze in Unternehmensentscheidungen mit ein.

Von unseren Geschäftspartnern (Druckereien, Papierfabriken, Verpackungsherstellern usw.) verlangen wir, dass sie sowohl beim Herstellungsprozess selbst als auch beim Einsatz der zur Verwendung kommenden Materialien ökologische Gesichtspunkte berücksichtigen.

Das für dieses Buch verwendete Papier ist aus chlorfrei hergestelltem Zellstoff gefertigt und im pH-Wert neutral.

Printed in the United States
By Bookmasters